〝シュタイナー〟

『自由の哲学』入門

今井重孝［著］

イザラ書房

〝シュタイナー〟『自由の哲学』入門　目次

目　次

※本書の引用文中、とくに記載のない場合はすべて『自由の哲学』(シュタイナー著、高橋巖訳、二〇〇二年〈筑摩書房〉)からの引用である。

はじめに

本書は、現代の社会のあり方に疑問を感じる人に読んでもらえたら、との願いをこめて執筆しました。八方ふさがりのように感じられる現在の社会において、希望の見える方向を指し示すことのできるのがルドルフ・シュタイナーの思想であり、『自由の哲学』（高橋巖訳、二〇〇二年〈筑摩書房〉）であると筆者は考えているからです。「自由」「平等」「博愛」を謳った一七八九年のフランス革命がなかったとしたら、自由は今日ほどの重要性をもたなかったことでしょう。とはいえ、現代ほど「自由」が行き渡っているように見える時代はなかったと思われるのに、そこで生きている人々は、環境問題をはじめ、さまざまな社会問題に悩まされ、住みにくい世の中になってしまっていると感じているのではないでしょうか。これはなぜなのでしょうか。どうしたら、希望の見える未来に向けて歩いていけるのでしょうか。そのために今、何をしたらよいのでしょうか。

こうした疑問をもつ人々にとって、一八六一年から一九二五年にかけて生きた、万能人とも称すべきルドルフ・シュタイナーの思想は有力な手掛かりになると思われます。そこで、難解といわれる『自由の哲学』を紐解くよすがにと『自由の哲学』の入門書を書こうと思い立ちました。シュタイナーはなぜ、またどんな思いで『自由の哲学』を書いたのか、それについてもわかるよう本書を執筆したいと考えました。

シュタイナー学校は現在世界で一〇〇〇校を超え、だいぶ知られてきていますが、その背後にあるシュタイナーの思想や哲学については、まだまだ理解されていないのが現状です。その理由の一つにシュタイナー思想・哲学の根幹に位置づく『自由の哲学』の難解さがあげられます。しかし、『自由の哲学』を理解せずしてシュタイナー教育は理解できないだけでなく、『自由の哲学』こそ、生きるための哲学、人間が生きる指針としての重要な思想であると筆者は考えるのです。

本来哲学は、「いかに生きるべきか」という問いに答えようとするものでした。しかし、一七世紀の科学革命以降、哲学への科学の影響は大きく、哲学は科学哲学へと収斂していきました。その結果、論理や科学性が重視され、いかに生きるべきかという問いは後景に退きました。ところがシュタイナーの哲学は、科学を包含しつつ、人間はいかに生きるべきかという問いに答えようとするものなのです。

現在の教育には問題が山積しているように見えます。いじめ、不登校、ひきこもり、学力低下、学力差の拡大、特別支援の必要な生徒の増加、児童虐待の増加、モンスター・ペアレントの増加などなど。こうした教育の混迷も、学力向上や出世を至上価値とし、人間がいかにいきるべきか、という問いに真正面から向き合わなくなった現在の知の状況を反映しているのではないでしょうか。このような時代である今こそ、『自由の哲学』が、シュタイナーの思想が必要とされるのだと思うのです。

『自由の哲学』の難解さの原因はどこに潜んでいるのでしょうか。単なる翻訳の問題ではないことは確かです。『自由の哲学』は、哲学の専門用語はなるべく使用しないで、通常の理性の持ち主が論述を追っていけば誰でも理解できるように書かれています。にもかかわらず、いや、であるからこそ難しいともいえるように感じられます。

シュタイナーは、できるだけ易しい言葉を選びながらも、語る内容に関しては、当時の誰も考えつかなかった新しい解釈枠組みを提示しようとしました。ですから、従来の思想の枠組みあるいは思想の常識、哲学の諸説に照らして『自由の哲学』を理解しようとすると、そうした既存の枠組みのなかでしか理解することができません。しかしそれでは、シュタイナーが一番伝えたいことがわからなくなってしまい、その起爆力に触れずじまいになってしまうのです。つまり今までの常識や、既成の考え方をいったん捨て去って、すべて自分の頭で吟味しなおしながらシュタイナーの思考を追っていく必要があるのです。個別の部分の理解が問題なのではなくて、物事の見方全体の転換が必要とされているのです。その転換を遂行するための材料が『自由の哲学』なのです。

『自由の哲学』全体を貫く主旋律を理解するためには、シュタイナーがなぜ、また何のために『自由の哲学』を書こうとしたのかを理解する必要があります。

シュタイナーが『自由の哲学』を著した当時は、カントへ帰れという主張が強い時期でもあり、カント哲学が哲学界の主流でした。カントは何をしたかというと、自然科学の発展を目にし、自然科学の認識論を新しく打ち立てようと試みたのでした。自然科学は基本的にモノについての理論なので、因果関係によって支配されています。しかし、人間の行為は因果関係のみでは決まらず、人間には自由が与えられています。しかし人間も肉体というモノからできているとすれば、自然科学で通用する因果関係が人間にも当てはまるはずで、そうだとすると、人間には自由がないということになります。道徳的な行為も非道徳的な行為も因果関係の結果であって、本人の自由の行使の結果ではないということになってしまいます。

この矛盾をカントは『実践理性批判』（波多野精一ほか訳、一九七九年〈岩波書店〉）によって解こうとしたのですが、シュタイナーはその回答は不完全であると判断したのでした。カント哲学の不完全さは、自由と因果関係との関係について正しい関連を見出せなかったところにあるというわけなのです。「自由」を論じるためにはモノの法則とは区別された人間の法則を明らかにすることが必要になりますが、それを行おうとしたのが、『自由の哲学』なのです。「自由」とは人間の本性にかかわる鍵概念なのです。「自由」をどう把握するかが、「人間」をどう把握するかに密接にかかわり、こうした自由を中核とした「人間」観が、「人はいかに生きるべきか」への回答を与えることができるのです。この人間観が、ひいては子ども観、教育観、社会観を規定することになっていくのです。だからこそシュタイナーは、自信をもって『自由の哲学』を書いたのでした。

現代社会は、新自由主義と新保守主義の流れのなかで、希望の見える未来が描きにくくなっています。ところが、シュタイナーの思想をよくよく自分のものとして消化していくと、現代社会のどこに問題があり、どちらの方向へ向かっていったらよいのか、今何をしたらよいのかといった問題について考える有力な手掛かりが得られるのです。それに気づいて以来、筆者はシュタイナーの哲学を「希望の哲学」と呼ぶことにしています。

教育の問題は、生きる希望と結びついたときはじめて健全性を取り戻せるのではないでしょうか。そのためのキーワードが自由であり、自由の哲学であり、自由への教育なのです。ですから、現在の教育に問題を感じている方々、現在の社会をなんとかしないといけないのではと感じている方々は、ぜひ、『自由の哲学』を紐解いていただきたいと思います。そのための導入の役割を果たせれば、筆者の思いは達せられたことになります。

シュタイナーの言う自由は、みなさんが今考えている自由とは異なっています。シュタイナーの言う「自由」とは、与えられるものではなく一人ひとりの人間が自らを成長させることによって獲得してゆくものなのです。

それでは、『自由の哲学』の入門的解説に入りたいと思います。

第一章　シュタイナー哲学の到達点

はじめに

哲学とは、何でしょうか。それは本来、ギリシャのソクラテスにみられるように、人間は何のために生きるのか、どう生きたらよいのかを考えるものでした。シュタイナーの『自由の哲学』も、まさに、今の時代をどう生きたらよいのかという問題を扱ったものです。

シュタイナーの『自伝』によりますと、ウィーン工科大学入学前の七年間の実科学校（実業系中等学校）時代の一四、五歳のころ、カントの『純粋理性批判』（篠田英雄訳、一九六一年〈岩波書店〉など）を二〇回以上読んだり、上級三学年でヘルバルトの「哲学入門」を読んだりしており（『シュタイナー自伝　上』西川隆範訳、二〇〇八年〈アルテ〉三二頁、三七頁）、すでに哲学書を個人的に読む機会をもっていました。実科学校卒業からウィーン工科大学入学までの数か月間には、フィヒテやカントを読み、シェリング、ヘーゲルと格闘していました（同書、五一～五三頁）。彼らは、いわゆるドイツ観念論哲学と呼ばれるドイツ人の思索の清華と考えられている思想家たちです。社会主義国家の思想的基盤を築いたマルクスは、ヘーゲル左派と呼ばれる流れから出ています。若きシュタイナーは、このドイツ観念論哲学を批判的に超克する必要を感じていたのでした。

第一節　『ゲーテの世界観』の到達点

ルドルフ・シュタイナーがウィーン工科大学に入学したのは、もともとシュタイナーの父親が、息子を鉄道技師にしたいと考えていたからでした。そこでシュタイナーは、ゲーテ研究者のシュレーアーと出会い、ドイツ観念論哲学の隘路を抜け出る希望の光をゲーテに見ることになります。シュタイナー哲学の根幹にはゲーテがいるのです。シュレーアーを通してゲーテに新しい認識論の可能性を感じたシュタイナーはゲーテに沈潜し、一八八二年、大学生の時期に、同教授の口利きにより、二一歳の若さでゲーテ全集の自然科学論集の編集を担当することになります（同書、一一〇頁）。この作業を通じてシュタイナーは、ゲーテの認識論がドイツ観念論をどこまで乗り越えられるのか、またゲーテの認識論の限界はどこにあるのかについて明確な判断を下せるようになります。

まず、一八八四年に出版されたゲーテの自然科学論集の第一巻において、シュタイナーがゲーテをどう評価していたかをみてみましょう。第一巻においてシュタイナーは、ゲーテのメタモルフォーゼ（変容）に対する考え方を取り上げた後、結論的な考察を行っています。そしてそのなかで、次のように述べています。

「しかし、原理的に見れば、ゲーテは、有機体の科学にとって、ガリレオが力学の基本法則に対するのと同様の重要性をもっている基本的直観に到達したのでした。これを根拠づけることを、私は、自分の課題としたのです。」(Taschenbuch 649 Einleitungen zu Goethes

Naturwissenschaftlichen Schriften S.119)

この表現にみられるように、すでに第一巻を編集した時点でシュタイナーが、ゲーテの認識方法の特質を的確に把握していたことがわかります。

ゲーテの位置づけは、力学におけるガリレオ・ガリレイの位置に匹敵するというわけですから、ゲーテは、ニュートン力学の先駆者であるガリレオ・ガリレイのように、有機体科学における先駆者であるということになります。一七世紀の科学革命の立役者であり、とりわけ近代的な力学の基礎を築き、ニュートンの万有引力説に引き継がれた重要人物であるガリレオに匹敵するということは、ゲーテが科学革命に匹敵するようなパラダイム転換を有機体の科学で導くことができる人物であるということであり、科学革命の位相の違いがあること、つまりは、生命体を対象とする科学と生命のない物質を対象とする科学の違いがあり、ゲーテは前者の科学革命を可能にしうる認識論を提起したということを意味しています。ここには、生命有機体の科学的研究手法と、モノの科学的研究手法は異なり、生命体にふさわしい科学的なものの見方で見ないかぎり、生命有機体は理解できないという考え方が明瞭に示されています。

シュタイナーの最大の課題意識は、この新しい考え方を、いかに当時の物質科学中心の学問の世界に対して主張可能なのかということでした。モノの世界を物質の間の因果関係によって分析するかぎり、人間の自由の問題は解決不能となり、「物自体」の認識不可能性という結論が哲学的に導かれてしまいますが、これは明らかにシュタイナーの実感に合わないし、通常の人間の感覚とも相容れないものです。しかし、自然科学の認識方法が圧倒的な力をもっている学問的環境のなかで、他にいかなる方法がありうるのかという問いは二二、三歳のシュタイナーが自らその方法を生み出すにはあまりにも困難な課題であったといえるでしょう。ところが、その方法を追求した人物がいたことがわかったのです。それがゲーテでした。ゲーテの自然科学論文の編集の仕事は、シュタイナーにとって、ゲーテ的認識方法の全貌を明らかにしたうえで、その限界を確定するための仕事でもあったのです。

さて、シュタイナーは、一八八四年にゲーテの自然科学論文の第一巻を出し、それまでのゲーテ研究の成果を、一八八六年に『ゲーテ的世界観の認識論要綱』（浅田豊訳、一九九一年〈筑摩書房〉）として出版し、ひとまずゲーテの認識論の全貌とその限界について見通しをもつことができました。その後、ゲーテの自然科学論集の編集は、一八八七年に第二巻、一八九〇年に第三巻、一八九七年に第四巻が出版され、一段落となります。全四巻を編集し終えた段階でシュタイナーは、『ゲーテの世界観』（溝井高志訳、一九九五年〈晃洋書房〉）という本を書き、そのなかで、シュタイナーがゲーテのどこに限界をみていたかが表現されています。一九一八年の再版の際にも、その後の自然科学の発展を考慮しても書き換える必要性を感じないと述べており、本書からシュタイナーのゲーテ研究の到達点を読み取ることができます。その点がはっきりと現れている箇所を、最終章「ヘーゲルとゲーテ」にみることができます。シュタイナーの哲学を理解するうえで大変重要な箇所です。シュタイナーは、次のように述べています。

「ゲーテの世界考察は、ある限界にまでしか届きません。彼は、光と色の現象を観察し、原現象にまで突き進みます。彼は、植物の本質の多様性のなかで正しい道を探求し、感覚的—超感覚的な原植物に行き着きます。原現象あるいは原植物からさらに高い説明原理へと上昇しないのです。それは、哲学者に委ねてしまうのです。」(Taschenbuch 625, S.205)

「ゲーテと同様ヘーゲルもまた、自由の直観を欠いていました。なぜなら、両者とも思考世界のもっとも内的な本質の直観を欠いていたからです。」(TB625, S.208)

「たとえ、ゲーテの世界観とヘーゲルの哲学がお互いに照応していたとしても、ゲーテの思考の成果とヘーゲルの思考の成果を同じ価値のものとして評価しようとすれば、それは、大きな誤りです。両者のなかには、たしかに同じような表象方式が息づいています。両者とも自己の知覚を避けようとしています。しかしながらゲーテのほうは、この知覚の欠陥が害にならない領域で反省を行いました。ゲーテは、理念世界を決して知覚としては見ませんでした。ゲーテは理念世界のなかに生き、彼の観察を理念世界によって浸透させました。ヘーゲルのほうもまた、ゲーテ同様、理念世界を知覚として、個人的な精神存在として見ることはほとんどありませんでした。しかし、ヘーゲルは、まさにこの理念世界について彼の反省を行使したのでした。それゆえに、彼の反省は、多くの方向へとゆがみ、真実でないものとなりました。」(TB625, S.208f.)

以上の引用を手がかりにして、シュタイナーのゲーテ評価の到達点を明らかにしていきたいと思います。最初の引用では、ゲーテの世界考察に限界があること、その限界とは、色や光を原現象において把握すること、植物を原植物において把握することまでは突き進むのですが、そこで止まってしまい、それよりさらに高い説明原理を求めようとしないところに限界があることが述べられています。それは、自分の仕事ではなく哲学者の仕事であるのでゲーテ自身がする仕事ではないと考えていた、というわけです。それを哲学者、たとえば、ヘーゲルに委ねたのです。ところがそのヘーゲルもそれには失敗しているとシュタイナーはみていることが、後の引用から明らかになってきます。

ここで問題となるのは、「それより高い説明原理」という表現でシュタイナーは何を念頭においていたかということでしょう。それはその後の、『真理と学問』(邦訳未刊)や『自由の哲学』において、シュタイナーがゲーテに代わってなそうとした認識論のパラダイム転換を指していると、われわれは、事後的に容易に推測することができます。

ゲーテは、ヨーハン・ハインロートにより「対象的思考」という特徴づけをしてもらうことで、自分の思考の特徴に気づかされました。この「対象的思考」を認識論として発展させることができなかったのがゲーテの限界である、とシュタイナーはいうのです。文学者としてのゲーテは、哲学としてではなく、詩、あるいはメルヘンとして、直観的に把握した思考内容を表現することには長けていましたが、哲学的論理的に記述することは、哲学者に任せようと思っていたというのです。

しかし、ゲーテの世界観を哲学で展開しようとしたヘーゲルも、シュタイナーからみると不完全でした。それが二番目の引用に示されています。ゲーテ同様、ヘーゲルもまた「自由の直観」を欠いていた、というのです。「自由の直観」は「思考世界のもっとも内的な本質の直観」と言い換えられています。

では、「思考世界のもっとも内的な本質の直観」とは何を意味しているのでしょうか。思考の本質は「自由」であり、「思考の自由」こそが、人類だけに与えられているものなのです。動物も自由に行動しているようにみえますが、動物は本能に導かれて行動していたため、その動物の「思考の自由」を行使して、「学問の自由」を行使しようとか、「精神の自由」を発揮して芸術作品を作ろうとか、宗教の自由を行使して、「猿の神様」を信仰したりはしないのです。一人ひとりの人間が、自分の思考や判断に従って行動する自由をもっていることが、万物の霊長としての人間の特徴であり、一人ひとりの人間の思考は、万物の霊長として宇宙を代表して、宇宙の自己認識に仕えるものなのです。

ところがゲーテも、「人間」に対して「対象的思考」を適用しなかったがゆえに、思考の本質としての自由を直観することができませんでした。ヘーゲルもまた、人倫や国家として、また理念や絶対精神の自己運動として世界を把握しようとしたがゆえに、理念のメタモルフォーゼについては把握できたものの、対象的現実の具体的なメタモルフォーゼについては把握することができなかったのです。道徳を、一人ひとりの自由との関係で根拠づけることにはならずに、人倫とか国家によって根拠づけることになってしまったのです。

三番目の引用のなかでシュタイナーは、ゲーテとヘーゲルの違いについて述べています。「思考の自由」を直観できなかったという点で、ゲーテとヘーゲルは共通していますが、ゲーテが現実の具体的な色や光や植物に即して思考したのに対し、ヘーゲルは、ゲーテ的な思考を理念世界のほうに適用してしまった点において、ゲーテの域にも達することができませんでした。ヘーゲルが具体的な自然や動物、人間を対象に、ゲーテ的思考を展開していたならば、シュタイナーの『自由の哲学』の境地に到達することも不可能ではなかったに違いない、というのがシュタイナーの判断なのです。

第二節　『真理と学問』の到達点

さて、シュタイナーは、ゲーテ的な認識論を人間に当てはめることを課題としていました。そのための思索の結晶が、博士論文に少し手を加えて出版した『真理と学問』でした。シュタイナーが博士論文を書いた頃のドイツ語圏では、新カント派が大きな力を持ち、ハルトマンの哲学が脚光を浴びていました。カント哲学は、デカルト的な合理論とロック的な経験論を統合することにより、科学時代の認識論を生み出そうとしたものでした。それゆえにこそ、カント哲学は大きな影響を与え、ドイツ観念論哲学の流れが生まれるとともに、新カント派が生まれもしたのでした。

したがってシュタイナーは、自然をモノとしてしか見ない自然科学的認識を根拠付けたもっとも影響力のあるカントの認識論を、ゲーテ的な認識論、ゲーテ的な世界観の観点から批判し、哲学におけるパラダイム転換、科学におけるパラダイム転換、学問におけるパラダイム転換、思想におけるパラダイム転換を行おうとしたのでした。その前奏曲が『真理と学問』であり、間奏曲と後奏曲が『自由の哲学』の「第一部　自由の科学」「第二部　自由の現実」だったのです。

では、『真理と学問』により、シュタイナーは、何を成し遂げたのでしょうか。カントは偉大な人物でした。三〇歳そこそこのシュタイナーが批判しきるにはあまりに偉大な哲学者であったことでしょう。しかしながら、そのカントの認識論に欠陥があるとしたら、これは大変なことです。シュタイナーは、『真理と学問』のまえがきを次のような言葉で始めています。

「現在の哲学は、不健全なカント信仰に病んでいる。」(TB628, S.9)

「カントに戻れ」という掛け声のもと、新カント派が哲学の大きな流れとなっていた当時の思想状況に対して、「不健全なカント信仰」という言葉を投げかけ、「カントに戻れ」というのは学問的な真理探究とは無縁の「不健全なカント信仰」でしかないとして、その克服こそが本書の課題であると主張しています。

では、カント哲学には、どのような欠陥があるというのでしょうか。それは、問題の立て方のなかにあるというのです。カントは、「アプリオリな総合的判断はいかにして可能になるのか」という問いを立てています。この問いには、認識は経験だけによっては成立せず、経験を超えたアプリオリな判断が不可欠である、ということが前提されています。しかし本当に経験だけから、認識は生まれてこないと言い切れるのでしょうか。ここには明らかに、問いのなかに、認識に到達するためには経験だけでは不十分であり、すべての経験知というものは限定づけられた妥当性しかもちえない、ということが前提されており、さらに加えて、認識に到達するためには、経験を超えた道（アプリオリな道）をもつことが前提となる、という仮定が忍び込んでしまっています。

結局カントは、問いを立てる段階で、経験と経験を超えた世界の二元性を前提としたうえで、その両者をどうしたら結び付けられるだろうかと問うているわけです。ですから、一元論は最初から過てるものとして排除されてしまっています。これでは、問いを立てた時点ですでに、結論が決まってしまっているということになってしまうのです。

イギリス経験論は、すべてを経験から導出できると考え、他方、大陸の合理論は、経験を超えた、日常経験に頼らない数学的な明証性から出発しようとします。片や目に見えるものから出発し、片や目に見えないものから出発しているわけですから、両者を統合しようとするとどうしても、目に見えるものと見えないものを二元的に把握したうえで、どのようにしてその二つを統一できるのかと問わなければならなくなってしまうのです。その結果は周知のように、「物自体」は認識し得ないということになり、認識不能な部分と認識可能な部分に世界は分離してしまいます。こうなってしまっては、統合が不完全であることは誰の目にも明らかです。

それにもかかわらず、カントの『純粋理性批判』が、これほど多くの影響を与えたのはなぜなのでしょうか。それは、中世では、アリストテレス哲学が真理であると考えられていたのに対し、ベーコンにより「帰納法」が発見され、デカルトにより「合理論」が完成され、こうした流れを受けてニュートンにより力学が完成され、一七世紀に科学革命が起こり、アリストテレス哲学に代わる新しい認識論を確立することが必要とされていたという事情があります。その最初の「経験論」と「合理論」の統合という前人未踏の試みをカントが敢行したがゆえに、たとえそれが不完全なものであったとしても、その後は、カント哲学を無視して認識論を展開できないという状況が生まれたのでした。

では、カントの二元論的な前提を乗り越えうる、前提条件のないところから出発した認識論はいかにして可能になるというのでしょうか。その出発点こそが、『ゲーテ的世界観の認識論要綱』で述べられていた「純粋経験」なのです。

「純粋経験の内容とは何か？　それは、空間内に事物がただ隣り合って並んでいること、時間の中で前後して事物が現れることにすぎない。全く脈絡のない部分部分の集合体である。」（三四頁）

それはまだ思索がなされる前に、五官を通して現れてくる現実のことです。まず現実は、カオスのように見えるわけですが、石とか植物とか空とかいう概念によって整理され、さらに、過去の出来事とも思考により関連づけられて、現実の認識が行われます。目の前に見えている知覚された色や形は、人間の意志で消すことはできません。目を閉じても知覚対象はなくなるわけではありません。しかし、現実を人間が知覚した結果、人間の心に生じた知覚像の方は、意識を別のことに向ければ、簡単に消すことができます。したがって、目の前の現実と、目を閉じても心に残るイメージとは、別物であることがわかります。この心に残るイメージが、概念に対応しているのです。たとえばライオンを見た後、目を閉じてそのイメージが心に刻印されているとき、このイメージが概念なのです。一匹のライオンを見た場合でも、一度作り上げられたイメージ概念によって、別のライオンを見たときに、ああ、これはライオンだと判断できるのです。

では、ライオンという概念は、どこからくるのでしょうか。ライオンという概念は、実際のライオンが目の前にいなければ、人間の意識に上ることはないでしょう。ライオンという種が、現実の世界にいるからこそ、ライオンという概念が人間の意識に上るのです。さまざまな個別のライオンを体験し比較考量することにより、ライオンの概念は確固たるものとして人間の意識に上ることになるでしょう。人間の思考が様々な体験を結びつけ、関連づけることによって、種の概念が形成されていくのです。

類似の特徴をもつ動物を種として把握することができる力は、知覚の力ではありません。さまざまな知覚体験を相互に関係づけることから生まれるのです。関係づける力は、思考にほかなりません。思考によって、知覚の認識の足りない部分を補うことができるのです。思考力と知覚が協力し合ってはじめて、現実の認識が可能となるのです。思考は目に見えないけれど、現実を構成しているものごとの関連性を認識する力があるのです。

思考は、関連づけを明らかにすることにより現実を理解可能なものとします。思考は、思考する本人にとって明晰です。自分の思考は、今何を考えていたかについて考えることによって対象化することができます。しかし、考えている最中は、考えていることを同時に対象化することはできません。しかし後になって、自分の思考を対象化することはできるのです。

このようにして人間は、自分の思考のなかで、対象化された思考と知覚像とを区別することが可能になるのです。言い換えれば、思考のなかで、思考と知覚像が組み合わされて現実が構成されるのです。ここにおいては、認識不可能な「物自体」を、仮定する必要はまったくありません。目に見える現実と目に見えない現実が組み合わされて、われわれの通常の現実が構成されるのです。

ただし、現在の人間の認識は、現在の人間の認識力に規定されているのであり、さらなる知覚力、認識力が開発されれば、さらに背後で現実を支えている超感覚的法則を認識することもできるようになるとシュタイナーは言います。しかしそれは、今、現実と認識している現実が現実ではないということを意味するのではありません。現実として現れているものを支えている多様な力があり、そのすべてを今の人間が認識しているわけではない、ということを意味しているにすぎないのです。人間の認識の力自体も、人間の努力によって拡大することができるのです。それはおそらく、同じ風景を見ても、ある人には何も印象が残らないのに、ある人には、多様な意味が印象に残るというような違いに比せられるでしょう。現実には変わりないのですが、現実をどこまで深く捉えられるかという点において、違いが出てくるということです。このように考えてくれば、一元論について納得できるのではないかと思われます。

つまり認識する人間自身が、外界の一部に組み込まれているのであり、だからこそ人間は自分の外部の自然に対しても直接働きかけることができるのです。外部の自然の一部に組み込まれている人間は、外部の諸事象を自分の身体、感覚器官を用いて知覚し、知覚対象を、概念によって把握し、さらにまた、過去の体験と関連づけることにより、諸物の連関を認識し、目に見える現実とその背後に働く力や相互関係を理解し、現実を了解し、その了解に基づいて対象に働きかけ、了解自身が正しいかどうかを確認しながら、現実認識を深めていくことができるのです。

『真理と学問』でシュタイナーが試みたことは、まずは学問の分野において、真理を究明することであり、実践の分野での真理の究明は、『自由の哲学』に委ねられました。その「真理」とは、カントの認識論が誤っており、一元論に基づいた認識論を構築しなければならないし、それができるのだ、ということを示すことにありました。その戦略は、ゲーテが植物や動物において行った認識方法を、人間の領域に適用するという点にありました。人間を対象としてゲーテ的認識を適用したときに、思考を梃子とした一元論的認識論が可能となり、この一元論によりカントの二元論的認識論を論破することが目指されたのです。

次に問題になるのは、「実践理性」の領域において「自由」を哲学的に根拠づけることで、この仕事が、『自由の哲学』において実行されることになります。間奏曲としての「第一部　自由の科学」、後奏曲としての「第二部　自由の現実」が、いよいよ展開されていくことになるのです。

第二章　『自由の哲学』について

はじめに

シュタイナーは、一八九四年、三三歳のときに『自由の哲学』を出版しました。前にも触れましたが、当時のドイツの思想界においては、「カントに帰らなければならない」というオットー・リープマンの主張に代表されるように、新カント派が大きな影響力をもっていました。フリードリッヒ・ニーチェやエデュアルト・フォン・ハルトマンのように、新カント派とは異なる偉大な思想家もいましたが、哲学の主流はカント哲学の再興でした。このカントの哲学は、大陸の合理論とイギリスの経験論を統合しようとしたと評価されているように、総合的な新しい哲学を打ち立てようとしたものでした。『純粋理性批判』、『実践理性批判』、『判断力批判』（篠田英雄訳、一九六四年〈岩波書店〉など）の三批判によりカントは、「われわれは何を知りうるか」、「われわれは何をすることができるか」、「われわれは何を欲することができるか」を吟味しましたが、『純粋理性批判』において、人間の認識の限界として「物自体」は認識できないという立場をとったことに対してシュタイナーは、カントは不完全であると判断したのでした。カント哲学はニュートン物理学によって確立された自然法則の世界に基づいて哲学を構築しようとしたために、認識論における二元論を克服できなかったと、シュタイナーはみていました。人間や社会を扱う哲学は、因果関係だけではなく、人間の自由を基礎として築き上げられねばならないと考えたのです。

自然現象は、基本的に因果関係によって説明が可能です。この関係を究明することにより、月にまで有人飛行できるような技術が発達したわけです。しかし人間社会では、因果関係だけでは説明できない複雑さがあります。人間には自由意志があり、人によって同じ刺激に対しても異なった反応をしうるからなのです。人間の自由意志を認めなければ、犯罪者を処罰して教育刑に処することも不可能ということになります。自由がなければ、行為の責任を問うことができなくなるわけですから。

若きシュタイナーは、カント哲学の問題性には気づいていましたが、どうしたらそれを乗り越えられるのか最初はわかりませんでした。しかし、前にも触れたように、入学したウィーン工科大学で教えていたゲーテ研究者のシュレーアー教授から、ゲーテのものの見方を教わることにより、ゲーテの採用した「対象的思考」を、自然のみならず人間にも適用することによって、新しい哲学、新しい学問、新しい科学が可能であるということに気づいたのです。

三三歳の若きシュタイナーが試みたのは、カントを乗り越えることでした。第一章でも触れたように、シュタイナーは一八八二年、大学生のときに、ゲーテ全集の自然科学分野の編集の仕事を頼まれるほどゲーテに沈潜していました。一八八六年、二五歳のときには、『ゲーテ的世界観の認識論要綱』を出版して、ゲーテの認識論の射程がニュートンやカントより先に進みうる認識論であることを示そうとしました。とはいえゲーテは、詩人であり小説家でもあったため、シュタイナーはゲーテに代わって、ゲーテの認識論を哲学的に根拠づけようと努力しました。その結果として一八九一年、三〇歳のときロストック大学で博士論文『認識論の根本問題――特にフィヒテの知識学を考慮して』を執筆し、博士の学位を取得します。この論文は、若干の修正を施して翌一八九二年に『真理と学問』と題して出版されました。その副題『自由の哲学への前奏曲』に明確に示されているように、この本でシュタイナーは、新しい「自由の哲学」を構築するための認識論の検討を行ったのです。

そこで提起された新しい認識手法は、一言で述べれば「思考の思考」と名付けることができるでしょう。ある対象を知覚する場合に、人間は像を知覚すると同時に木であるとか花であるとか空であるとかいうように概念を見出し、知覚像を形成しているというわけです。つまり対象としての犬は、犬という概念に支えられて知覚像として知覚されるのです。概念の部分は思考にあたり、目に見える部分と目に見えない概念の部分が結合されて犬のイメージ（像）が知覚されるということです。人間は、思考により、知覚と概念を区別することができます。言い換えると思考は、イメージと概念を結びつけ知覚像を形成して、その知覚像を記憶像として対象化することもできるのです。ここに、客観的一元論という認識論の立場が提起されるに至り、この作業により『自由の哲学』を書く準備は整ったのでした。

『自由の哲学』は、今から一〇〇年以上前に書かれましたが、この書物の内容が現代においても未解決の問題に解決を与える起爆力をもつことを示すために、ここで、現代における「自由」をめぐる問題状況に触れておくことにします。

モノが自分の意思で自由に動ける余地はありません。人間も物質から構成されているとすれば、人間もモノの法則に従うはずですから、人間にも自由はないのではないのか、自由であると誤解しているだけではないのか、という疑念が生じてきます。日常的な行為のなかで、自分に自由があることを疑う人は少ないでしょう。日曜日にどこに出かけるかは自分で決められるし、出かけるか出かけないかも自分で決められると感じているのが普通で、むしろ自由がないと感じることのほうが難しいかもしれません。しかし、理由もわからず逮捕され監獄に入れられた場合は、自由が失われたと感じることでしょう。出かけるか出かけないかは自由であると思っていても、急に仕事が入って出かけなければならなくなったり、何かの用事で出かけなければならなかったりすることもあるでしょうから、このときは自由がないと感じるかもしれません。あるいは、体調を崩したりしていたら、出かけたくても出かけられませんから、自由が拘束されていることになります。そうすると、どこまでが自由でどこからは自由でないのかは判断が難しいということになってきます。ましてや、自分で決めたつもりでも、実は無意識によって左右されているといわれたら、それこそどこまで自由なのかわからなくなってきます。

人間の自由の根拠がこのようにあいまいな状態におかれることは、人間が生きていくうえで、きわめて不都合な状況です。自由がなければ、犯罪の責任を追及することも困難になってきますし、行動の責任を問うこともできなくなってしまいます。このような状況では、社会生活自体が成り立たなくなってしまうのです。

哲学というものが、単なる知的遊戯ではなく、人間の生きるべき道を指し示すものであるならば、自由をしっかりと哲学的に根拠づけなければならないというのが、若きシュタイナーの哲学的課題でした。これは、現代の思想状況においてもあてはまるのではないでしょうか。

二一世紀の現在においてなお、「自由意志」を否定する論調は有力です。一例をあげましょう。河野哲也によれば、近年の脳科学研究で、ベンジャミン・リベットの自由意思に関する実験と議論ほど哲学的な論争を巻き起こしたものはないといいます（河野哲也『暴走する脳科学――哲学・倫理学からの批判的検討』二〇〇八年〈光文社〉、一四四頁）。このリベットの実験が明らかにした事実というのは、「自分で決定を下したと気付く約三五〇ミリ秒前に」（同書、一四七頁）すでに脳の運動領域が活動を開始しているというものです。人間は自分で意思決定を自覚する〇・三五秒前にすでに脳の運動領域のほうが活動を開始してしまっており、自分が意志決定したと思ったのは幻想で、すでにその前に脳の運動領域が決定を下してしまっているというのです。この結果を根拠として、人間に自由意思はない、とする強力な意見が主張されているのです。

リベット自身は、人間には脳で無意識に起動した運動を拒否する自由があると主張することによって、自由意志を救出しようとしているのですが、ハーバード大学の心理学教授ウェグナーや、ドイツの代表的な脳科学者であるジンガーやロートは、自由意志を否定しているといいます（同書、一五〇頁）。『自由の哲学』は現在もなお課題であり続けていることになります。

ところが、シュタイナーの『自由の哲学』は、すでにこの問題を鮮やかに解決しています。それが哲学のなかで主流になりえないのは、シュタイナーが目に見えない世界の研究へと進んでいったために、シュタイナーの哲学書が哲学界のなかで正当に評価されてこなかったことが大きく影響しています。当時の著名な哲学者ハルトマンも、シュタイナーの一元論には反論を加えています。自己の哲学体系を構築した著名なハルトマンが、若きシュタイナーの哲学を自分の哲学体系の観点から批判したことは無理もないといえるでしょうが、両者の哲学を比較できる第三者の視点から見れば、シュタイナーの『自由の哲学』の画期的な意味が読み取れるのです。

さて、シュタイナーが「自由」に対してとったスタンスはいかなるものだったのでしょうか。「人間は自由なのかどうか」という問いは、問いの立て方が正しくないのであって、「人間はいかにして自由になりうるか」と問うべきであるというのがシュタイナーの立場でした。

人類は、封建制のような身分制社会から民主主義社会へと一人ひとりの人間の自由度を拡大してきました。そして現代という時代は、一人ひとりが自分で考え、感じ、判断する時代、一人ひとりが自由に自分で自分の判断を行う段階へと動きつつある時代であり、自由の条件を拡大すること、また拡大する方法を探ることが大切なのであって、まだ自由でない面を取り出して将来可能な自由を否定する議論から出発するのは誤っているとシュタイナーは考えるのです。

第一節 「第一部 自由の科学」の内容

『自由の哲学』は全体が大きく三つの部分に分かれています。第一部では「自由の科学」、第二部では、「自由の現実」について論じられており、結論部分の第三部で、「自由の科学」と「自由の現実」を一元論により総合的にまとめて結論としています。

第一部では当時の哲学や学問、科学が、自由をどのように扱ってきたかを取り上げ、その扱い方のどこが間違っていたかを指摘しています。そのうえで、いかに自由を、シュタイナー的な意味で「科学的に」根拠づけられるのかを示そうとしました。次に第二部では、実際の生活世界のなかでの自由が論じられています。現実世界のなかで自由に生きるとは、いかに生きることなのかが問われているのです。以上の第一部と第二部を一元論的な認識によってまとめて示したのが、結論部分の第三部です。

まず第一部の章順に、内容の要点の紹介と解説をしていきたいと思います。

本節の以下の部分では、シュタイナーの主張を、私の解釈を交えてわかりやすく要約する形式で記しています。『自由の哲学』を読む準備として大枠をつかむために、それが適切であると考えたからです。

一．「第一章　人間の意識的行為」

スピノザやスペンサーは、意志の自由を否定する議論は、自分は自由に自分の望むように行為を選んでいるという幻想を抱いているだけで、実は、本人はその原因を知らず、本人の気づかない、たとえば無意識の動因によって行動しているのだと主張しました。酒の勢いでの発言は自由ではないし、赤ちゃんがミルクを欲しがるのも本能的な欲求によるもので自由とはいえない、というのです。

このようにいわれると、ひょっとしてそうかもしれない、という気がしてきますが、シュタイナーは、スピノザやスペンサーに代表されるような自由意志の否定論には共通の欠陥があるというのです。その欠陥とは、人間は、自分の行為の原因である動機を意識化することができるということを忘れている点です。人間は石と違って、自分の行為の動機や理由を意識化できます。他の動物とも違って人間は、本能ではなく、思考を介在して行為の理由を意識することができるのです。行為の理由を自分で考え選択できることが、自由の根拠となるのです。

ここで、人間は理性や思考によって行動に移るというよりは、感情に動かされて行動に移るのではないのかという疑問が浮かぶかもしれません。愛、同情、愛国心などが行動の動機となるのではないのか、と。確かにそういえる面もあります。しかし、例として、ある人を愛するという状況を考えてみましょう。ある人を愛するということは、その人に対して特別の人間像を描いているということが前提になります。少なくともその人が理想としている人間像に近いからこそ、愛情の対象となるのではないでしょうか。一目ぼれといえども、今までの多くの体験や経験から作られた自分の理想の異性像が形成されているからこそ、起こるといえるでしょう。

理想の人間像のような表象は、思考が働くことによって初めてできあがるものです。外の世界のものを知覚を媒介として取り込む過程で、思考による判断が働いて状況が整理され、人間像や異性像が構築されるのです。つまり心情へ至る道は、思考を経由し、思考内容こそが感情の父なのです。したがって人間の行為の本質は、思考を根源から問い直すことによって答えることができるといえるのです。

デカルトは「我思考す、ゆえに我あり」と述べましたが、まさに「思考」こそが、現在の人類の特徴なのです。「自由」の問題は、人間の特性である「思考」の本性を理解したときに明らかになるのです。

二.「第二章　学問への根本衝動」

いうまでもなく学問は、真理追求という欲求、理由を知りたいという欲求に支えられています。これを認識の欲求ともいいます。自然現象の不思議さを理解したいという気持ちは、近代人ならだれでも理解できるのではないでしょうか。しかし、この真理要求の背後には、人間が自然に包まれて内側から自然に共感できていた時代から、自然から切り離され自然を外側から観察し理解しなければならない時代へと大きく変化したという流れがあります。小さい子どもがアニミズムの世界に生きているように、かつての人類は自然に抱かれて生活していました。しかし、今では、自然と人間、客観と主観は分裂しています。この分裂に橋を架け再び統一を回復したいという願いが、認識要求の根源にあるとシュタイナーはいうのです。学問だけではなく、芸術も宗教も、いずれも再び、マクロコスモスとミクロコスモスの統一に橋を架けることを目指しているのだというのです。中世においては、神学が世界の頂点にあり、哲学も芸術も宗教によって統合されていました。しかし、21世紀の現在では、学問と宗教と芸術は別々の領域へと分裂し、再統合の手がかりすら得られないままに、地球が環境破壊により危機に瀕しています。

学問が統合に失敗していることは、デカルトが心身二元論を定式化して以来、一元論と二元論が対立していることにも現れています。一元論には心しかないとする唯心論と、モノしかないとする唯物論があります。デカルトに代表される心身二元論もあります。どれが正しいのかは決着がつかないままです。唯物論は、「すべてはモノである」といいますが、「すべてはモノである」という命題は明らかにモノではなく、自己矛盾に陥っています。言葉はモノではないがモノから生まれたのだと反論されるかもしれませんが、モノからモノでないものがどうして生まれるかは謎のままですから、不完全な一元論といわざるをえません。

唯心論も、目の前のものを見ないでいることはできても目を閉じたからといって目の前のものが消滅するわけではありませんし、自分の心の思い通りにならないものがあることは否定できないので、これも不完全な一元論といわざるをえません。デカルトの二元論も、心身の関係がどうなっているかについてはわからないままです。結局、現実に即した形で心身の関係を統一的に把握することはできないままなのです。

心身の関係について一元論として説明できる理論によって、この隘路を打ち破らなければ、心と身体の分裂、主観と客観の分裂に橋は架けられませんし、自由の問題も解決できません。なぜかといえば、客観の世界にあるモノの相互の因果関係と、主観のなかに感じられる自由感に橋を架けることができないとなると、自由の根拠づけができなくなってしまうからです。

二一世紀の現在においても、先述したドイツの著名な脳学者であるヴォルフ・ジンガーは、自分は確かに自由を感じているけれども、脳科学からすれば脳内のすべての過程は決定論的に決まっており、脳のその前の状態に完全に規定されているため自由の余地はないと述べています。客観の世界と主観の世界が結びつかないままに並行しているのです。

しかし、今から一〇〇年以上前にシュタイナーは、この隘路を打ち破る方向性を示していました。それは、人間のなかにある自然、内なる自然に着目すること、言い換えると「思考」に着目することによって可能となるのです。なぜ思考が内なる自然であるかといえば、自然のなかに読みとれる法則や論理は、自然を動かしている法則であるとともに、他方でまた、人間の内側で意識化された形で展開されるものでもあるからです。思考内容は、自然自身の内部にあるとともに、人間の内部にもあり、客観のなかにも主観のなかにもあるのです。つまり客観と主観に共通している部分が「思考」なのです。思考という共通部分から出発することにより、一元論的な説明が可能となり、同時に自由の根拠づけが可能となるのです。ここでも再び「思考」が分裂を再統合する鍵となるのです。

三、「第三章　世界認識に仕える思考」

認識論における二元論の打破には「思考」が鍵となり、自由を根拠づけるにも「思考」が鍵となります。こうした点を指摘したうえで、シュタイナーはいよいよ「思考」そのものの性格づけを行う作業に入ります。

出来事の相互の関係を把握するには、どうしても観察と思考を結びつけなければなりません。たとえば、ビリヤードの球を観察をした際、球の動きはわかるけれども、なぜ球がそのように動くのかは理解できません。人間は、球がなぜそのように動くのかを知りたいという認識衝動を生まれながらにしてもち合わせています。そこで、思考を働かせて、球の衝撃力、球の抵抗、重力、慣性力などの概念を関連づけて球の動きを把握しようとします。ただ動きを見るだけで、なぜという疑問をもたなければ思考は働きませんし、球の動きの法則性もわからないままです。しかし、人間は、観察を思考と結びつけることによって、現象を理解しようとします。

ここで大切なのは、観察は、一人ひとりの意志や思考の働きとは別に、対象物によって拘束されるということです。あるものをないと思っても、あるいは目を閉じても、目の前のものを消すことはできません。ないものを想像したとしても、それが目の前に現実のものとして現れるわけでもありません。観察は基本的に、知覚の対象物によって規定されているからです。他方、思考はどうでしょうか。思考は、目の前の対象物を観察しただけでは始まらず、自分の頭のなかで考えをめぐらさなければなりません。しかも、考えは対象物とは異なり自分が行っている活動のため、自分にとっては明瞭です。対象物の観察と対象物についての思考には根本的な性質の違いがあり、この違いを理解することがとても重要なのです。

観察の対象物となりうるのは、自分の外にある、目に見えるものばかりではありません。思考も自分が何をどのように考えたかを対象化して観察することができます。考えている瞬間に考えていることを対象化することはできませんが、過去に考えた内容については対象化して観察することができます。昨日はあんなふうに考えてみたのだけれど、間違っていたのだろうか、というように、過去の考えは観察の対象になりえます。

自分の感情もどこからくるのか定かではありませんが、自分は今喜んでいるという事実を知ることはできますし、観察することもできます。こう考えると人間は、自分の外にある目に見える対象物も観察できるし、自分の内側にある思考や感情も観察できるということがわかります。この観察の二重性こそが、今までの認識論の限界を打ち破る鍵なのです。

さて、目の前に馬がいたとしましょう。その馬を知覚した人間は、馬の毛の色つや、顔つき、体格、動きの様子などを観察します。観察しながら、仔馬なのか青年期の馬なのか老年期の馬か、おとなしそうか、凶暴なのか、持ち主は誰なのか、この馬は何をしているのか、などと今までに形成された馬という概念や体験に照らして考えをめぐらします。そして、目の前の馬をめぐる状況を理解しようとします。確かに観察と思考が助け合って、状況の理解がなされるのです。

この時目を閉じたとします。するとその馬のイメージが残ります。これは、明らかに目の前にいる馬そのものではなく、その馬からその人が作り上げたものです。自分の視覚、触覚、嗅覚などの五官を利用した知覚体験、今までに自分が見た馬やそこから作られている概念などが総合されて、その人の内側にイメージが構築されるわけです。したがって、対象物の馬とイメージ化された馬とは、関係はあるとしても同じものではありません。イメージを消しても目の前の馬はいなくなるわけではないし、また逆に目の前の馬がいなくなってもイメージとしての馬は記憶に残ります。この両者を明確に区別しないと、外の事物は「物自体」として認識できないというカントのような考え方になってしまうのです。

人間は、外のものを、感覚によって知覚、観察し、その知覚と観察に自分の思考を付け加えることによって状況を理解します。その理解に即して行動し、対象物の反応を知覚、観察して、理解することにより、理解の誤りを修正することができるのです。夢の世界の場合は、そうしたことが不可能なため、夢と現実は区別ができるのです。

つまり、認識というものは、「思考」だけによって可能になるわけではなく、また「知覚」だけによっても可能になることはなく、対象物に規定された「知覚」と「観察」に、内側で展開される「思考」が付け加えられることにより可能になるのです。理由を知りたいという認識衝動が学問を生み出すわけですが、その認識は、「観察」と「思考」の協力関係によって、世界の把握を可能にしているのです。

四.「第四章　知覚内容としての世界」

この箇所ではいよいよ、カント以後の認識論の誤りを指摘する段取りになっていきますが、その際に決定的な点となるのは、知覚対象と知覚像の区別をしっかりと行うということです。

たとえば、誰かが一本の木を見たとしましょう。そうするとその人の思考が、見た木に反応し、知覚対象に対して理念的な対応物が付け加えられ、その人はその理念的な対応物を知覚対象に帰属するものとみなします。目を閉じれば、知覚対象としての木は見えなくなりますが、その理念的な対応物がイメージとして残ります。これが表象とか概念とか呼ばれるものです。そして、知覚対象としての具体的な多くの木を見ることによって生み出された多くの木の理念的対応物である概念、イメージが、木一般の概念へと整理されます。そして、木は、葉や幹や花や枝といった概念と関係づけられ体系化されていきます。そして、木という概念、イメージの誤りがあれば、そのつど具体的な知覚対象としての木との出会いによって、修正され、より正確なものとなっていきます。

「物自体」は認識できないというカントの主張は、知覚対象は認識できず、知覚対象の理念的対応物だけが認識可能であるという主張とみることができます。ショーペンハウアーは、『意志と表象としての世界』（西尾幹二訳、二〇〇四年〈中央公論新社〉）を「世界は私の表象である」という言葉で始めていますが、これは表象としてしか知覚対象は認識できず、本当の知覚対象は認識できないというカントの主張に依拠しているわけです。

なぜこのようなことが問題になるのか、と思われる方も少なくないでしょう。この問題の起源は、自然科学的な認識と素朴な人間の認識とがズレているところにあります。素朴な人間は、色は対象物であると思っています。しかし、自然科学では色は波長であるといいます。では、なぜ波長が色として現れるのでしょうか。自然科学者からすれば、波長こそが色の本体であり、人々が感じている赤や青の色は人間の主観的な思い込みにすぎず、幻想のようなものである、ということになります。自然科学は想像を超えた科学技術を発展させ、輝かしい成果を目に見えるものにしていますから、自然科学の真理性はゆらぎにくいわけです。そうなると人間の主観、知覚の方があやしいということになってきます。知覚対象は波であるのに、表象としては赤色として見える、とすると、人間には知覚対象自体、つまり物自体、つまり波長としての色は隠されており、本当のところは主観によってはわからない、ということになってきます。この考え方の強烈さが、カントの哲学を受け入れさせるのです。

しかし、一般の人が、目の前に見えているものの実在性を疑う気になれない感覚――素朴実在論――を過てるものとして批判する人々は、本当に、素朴実在論を克服しているのでしょうか。

視覚を例としてみましょう。目から入った刺激は、視神経内部の神経パルスに変換されます。色と神経パルスの関係は人間には読み解けません。神経パルスを測定してそこから色を決めることは不可能でしょうし、同じ波長でもほかの色との対照で違う色に見えたり補色が見えたりするので、波長を測定しても人間の目にしている色は確定できないでしょう。ともあれ、神経パルスは大脳まで伝達されます。つまり、大脳でふたたび知覚対象が知覚像として再構築されるということです。しかしこの知覚像は、神経パルスや波長が変換されたものなので、知覚対象自体とは別物であることは間違いないということです。

波長の存在が信じられているのは、人間が測定機器を通して波長を観察したからにほかなりません。しかし、観測は人間の目によってなされるものです。そうなると、波長として目に見えているものが波長であるかどうかは保障できないことになってしまいます。目によって知覚される赤色が幻想であるならば、目によって知覚される計測器上の波長が、波長である保証はどこにあるのでしょうか。これも幻想かもしれないということにならないでしょうか。

さらに、目で見ていると思っていても、それも人間が知覚した像にすぎません。そうだとすると目かどうか保証のかぎりではないということにはならないでしょうか。目も波長でないとなぜ言い切れるのでしょうか。目という実態ではなく目という像（測定機器という像）が示している目盛を見ていて、実際の色のついた知覚像と比較しえるということになってしまいます。目も、目盛も、色も、すべて知覚像であり、どれ一つ客観的なものはないことになるはずです。つまり、目そのものの存在も素朴実在論に立たないかぎり証明できないということになります。なぜなら色も、目も、目盛も、どれも知覚像としては同等なはずだからです。色は間違っていて測定値の像は正しいとなぜいえるのでしょうか。色が正しくて波長が間違っている可能性も否定できないのではないでしょうか。

こうなると、何が真理かわからない、何が確実かわからない、ということになってしまいます。ですから、素朴実在論を否定する人にとっては、自然科学的な観察対象物そのものも、もの自体ではなくて、主観が作り上げたものであるということになり、何も確実なものはなくなってしまうのです。素朴実在論の批判を自然科学者の知覚にあてはめれば、自然科学の論拠も根拠を失うことになってしまうのです。

この限界は、「知覚対象」と「知覚像」を区別することにより乗り越えられます。「知覚対象物」と「知覚対象物の対応物としてのイメージ・概念」をはっきり区別し、多くの具体的な知覚対象物と比較することで、「知覚対象物の対応物としてのイメージ・概念」は正確さを増し、実際のものに近づき、真理に近づくことができるのです。つまり対象物とそのイメージの往還が個々の具体例との間で行われうることが、真実の認識へと至れる根拠なのです。

五.「第五章　世界の認識」

知覚対象は、客観的対象であり、表象は主観的対象です。知覚対象は、人間の側の意志で消すことも変えることもできないからです。表象は、知覚対象の観察からその人の内側で構成されたものであり、主観的ということができます。しかしながら、一つの表象は他の多くの表象との関連によって理解が可能となります。そして、この関連づけるという働きは、思考の働きにほかなりません。その表象の相互関連の理解が正しいかどうか、その理解に基づいた対象への働きかけによって、真偽が決定されることになるのです。ここに、人間が知覚対象の相互関連を正しく理解できる仕組みが与えられているのです。

世界は、知覚と概念の総合によって成り立っています。人間は、認識によって分離されたものを、思考によって再び一つに関連づけるのです。知覚や感情は個別的なものですが、思考は普遍的なものです。人間の内部にある普遍的なもの、つまり精神＝思考が、個別的なる知覚や感情を、普遍的なものへと高めることができるのです。ここに、世界認識の秘密があるのです。

六.「第六章　人間の個体性」

人間は一人ひとり自分の身体をもっています。それゆえに知覚は、その時々にその人の目が見た知覚の場面を捉えることになります。捉えられた場面は、見るときの角度、状況によって異なるので、知覚は個別的であるといえます。しかし、この個別的な知覚対象は、概念的直観と結びついて、たとえばライオンという具体的なイメージとして概念化されます。この概念はあくまで具体的な知覚像と結びついたイメージであるわけです。しかし、このイメージとしての記憶像によって、別のライオンを見たときにも、これはライオンだと確認することができますし、さらには、前に見たライオンとは違うライオンだがライオンであることがわかります。言い換えると、概念は、個別の犬や猫を区別できるような個別性があると同時に、他方、すべてのライオンをライオンとして把握する一般性ももっているのです。そして、その人のライオンの概念は、多くのライオンを見れば見るほど豊かな概念となり、正確な概念となっていきます。この〝ライオンのイメージ〟が表象と呼ばれるものですが、この、目を閉じたときに現れる表象、思い出した時にも現れる表象は、知覚対象と関係はありますが、概念的直観によってイメージ化された像であり、知覚対象とは別物です。イメージの正しさは、具体的なライオンに接することによってより正確になりますから、物自体が認識できないということはないのです。

目により、光の波動が色や明るさとして認識され、耳により音の波動が音として認識され、匂いの化学的刺激が匂いとして認識されますが、目がなかったら、光の波動もないというのもおかしな話でしょう。そもそも、光の波動が色や明るさとして認識されるということがわかるためには、光と光の波動の両方が知覚され、その両者を思考によって繋ぐことが必要です。ですから、光の波動もまた知覚と概念によって把握されているのです。繰り返しになりますが、素朴実在論を否定すれば、波動が本質で、色は幻想であるという判断自体が幻想であるということになってしまいます。

さらに、ここでは、個体性と普遍性の関係についてみておきたいと思います。概念は、ライオンはどのライオンを見てもライオンとわかるように普遍的なものですが、表象として記憶される像は、具体的な知覚像と結びついた具体性をもち続けているので、その分、個性的でもあります。つまり表象とは、知覚像の個別性と概念の普遍性の中間的な性格をもっているのです。

さらにここに感情が加わります。人は知覚対象を表象にする時、同時にその表象を感情と結びつけます。たとえば〝魅力的な知覚像〟であるとか〝恐ろしい知覚像〟であるとかです。この感情にはその人の個人的な特性が現れています。したがって表象は、自我の感情と結びつくことによっても個人化、個性化されるのです。このように考えると、主観と客観の関係も、よりよく理解できるようになることでしょう。

七．「第七章　認識に限界はあるのか」

認識には限界がある、というのがカント以来の認識論の常識でした。人間の感覚器官を通して捉えられるものが色だとして、赤の外にさらに赤外線の波長があり、紫の外に紫外線の波長があるのに人間の目には見えません。すると、人間の目の方に限界があり、色の本質である波長は認識できていないということになります。このように、感覚器官を通した人間の認識には限界があるので、「物自体」と呼ばれる物の本質は認識できないと結論づけられやすいのです。

しかしシュタイナーは、それは誤りで、認識に限界はないと主張します。なぜそのように主張できるのでしょうか。たとえば、色と波長との関係です。くどいようですが、重要なところなので繰り返します。

物理学では、色彩は、波長の違いを目が勝手に赤や黄色に認識しているにすぎず、もとは波長にすぎないのだといいます。しかし、波長もまた、人間が測定器を通して測定して存在すると仮定しているにすぎません。なぜなら、波長自体を人間は直接見ることができないのですから。測定器の値を通して、思考により、波長が存在しており、これが本質で、色に見えている方が主観であると判断しているのです。

しかし、物自体が見えないのであれば、なぜ波長が存在すると言い切れるのでしょうか。測定器を通した値を人間が観察しただけのことであり、それを波長と解釈するのは、思考が介在しているからです。波長そのものは人間には見えないのですから、計器の表示を見ることで波長であると断言しているのです。しかし、計器もまた波長かもしれません。物自体は認識できないのですから、そうでないとはいいきれないはずです。結局、色が幻想なら計器も幻想であって、どちらも存在するとはいえないということになります。ですが、これでは何が何だかわからなくなってしまいます。認識に限界があるということになれば、人間は現実を知らずに行動せざるをえないということになり、おかしな気がします。

こうした考え方が生まれてきてしまうのは、モノの法則を探究する自然科学が、モノの法則を生き物、とりわけ人間に当てはめるときに問題が起こるからなのです。

人間は、外部のものを知覚します。知覚するとその知覚対象を思考によって整序します。人間や動物が視界にいる場合は、その状況を思考によって判断します。知覚と思考が正しいかどうかは実際にその知覚と思考に従って行動してみれば結果が出ます。つまり知覚と思考は行動によって修正されていき、認識の限界は存在しないということです。

仮に人間よりも多くの感覚器官をもっている生物が存在したり、あるいは人間とはまったく異なる知的生物が存在したとした場合、その生物や知的生物の知覚は、人間の知覚とは異なるはずです。それらと比較すれば、人間の知覚は不十分であるということは可能です。しかし、人間のもつ認識衝動を満たすためには、人間の知覚と概念で十分なのです。宇宙人の認識衝動を人間はもつことができません。この地上で生活するうえで、必要な認識はすべて得られるだけの力が備わっているのですからその意味で、認識の限界は存在しないのです。

第二節　「第二部　自由の現実」

一．「第八章　人生の諸要因」

『自由の哲学』の、第一部と第二部との関係についてもう一度説明しておきましょう。第一部は「自由の科学」（学問）でした。それに対して第二部が「自由の現実」となっています。第一部では、学者・哲学者たちに向けて、従来の哲学者や学者の自由についての考え方に問題があり、それゆえに自由の哲学はまだ成立していないことが指摘されました。その原因の中核を占めているとみられるカント哲学の認識論を批判する筋道を、思考を媒介とした一元論という形で示し、新しい自由の哲学の基盤を整備する作業が行われたのでした。

第二部では、第一部を受けて、現実世界、実践の世界、生活の世界における「自由」の問題を取り上げています。

現実の生活世界において自由がいかなる意味をもつかを知るためには、まずは、人生とは何かがわからなければならないでしょう。人間はすべて、現実世界のなかで己の唯一性あるかけがえのない人生を歩んでいきます。では、人間の人生の構成要素は何なのでしょうか。それは思考であり感情であり意志であるとシュタイナーはいうのです。

人間の人生というのは、自分が感じたこと、自分が意志したこと（自分が行為したこと）、自分が考えたことの総体です。これは通常、体験の総体、経験の総体といわれるものです。体験は、要素に分解すると、感じたこと、考えたこと、意志したことから構成されています。この三つの要素から人生が構成されているがゆえに、感情が一番重要であるとか、意志が一番重要であるとか、思考が一番重要であるとかいう考え方が生まれてくるわけです。感情が一番重要であると考えるのはロマン主義や神秘主義です。意志が一番重要であると考えると、ショーペンハウアーに代表されるような「意志哲学」になります。思考が一番大切だと考えるのは、啓蒙主義や理性主義で、カント哲学に代表される哲学の考え方です。

ところが、思考や啓蒙を重視するカント哲学は、合理論と経験論を統合することができるところまで思考を徹底することができず、「物自体」を仮定する二元論にとどまりました。さらなる一歩を踏み出す力がカントにはなかったのです。合理論と経験論を統合するという人類未踏の領域に一人で挑戦したカントが究極まで思考を徹底できなかったことは、やむをえないことというべきでしょう。思考と感情と意志の関係、知覚と表象の関係、自我と思考・感情・意志の関係といった問題群に対して適切な回答を与えることができるためには、物質科学によって切り開かれた認識の地平のみでは不完全だったのです。それを補うためには、ゲーテ的な認識論による補完が不可欠でした。ゲーテの認識論を完全に理解したシュタイナーは、思考と感情と意志と自我の関係についても明瞭なイメージを作り上げることができたのです。その地平から当時の哲学を見ると、感情哲学、意志哲学、思考哲学の三つが生まれる理由がよくわかりますし、感情哲学と意志哲学の欠陥が、思考の重要な役割に気づいていないところにあることも明瞭に見えてきます。第八章は、その点について論じられているのです。

二．「第九章　自由の理念」

「自由の理念」を扱ったこの章は、『自由の哲学』全体のなかで、もっとも重要な箇所といえるでしょう。この箇所で、カントの『実践理性批判』とは異なる新しい道徳の考え方が提起されているのです。少し詳しく見ていくことにします。

まず復習からですが、知覚対象を理解するためには概念と思考が不可欠です。概念は知覚対象に含まれているのですが、五官では捉える事ができません。具体的な目の前の馬と「馬の概念」、「馬一般」、「抽象化された馬」とは異なるからです。しかし、一頭一頭の微妙な違いにもかかわらず、それぞれがほかならぬ馬であるという共通性があります。それを「概念」として把握するわけですが、概念は、常に目の前の具体物についてのイメージによって支えられています。概念があり、その概念の内包が体験により豊かになり、理解が深まり、現実の理解が可能になるのです。

では、概念はどのように知覚されるのでしょうか。具体物としての馬を目の前にして、もし、「馬」という概念を直観できなければ、どこからどこまでを単位として区切ったらいいかわからないままになってしまいます。頭だけを指すのか、足を指すのか、どこが馬なのかわからなくなってしまうのです。概念をもつことは、当たり前のことではないのです。では、概念はどこからくるのでしょうか。目の前にあっても、自転車という概念がもてないケースがあるとすると、対象からくるわけではなく、人間の内側から直観的に概念が認識されるとしか考えられません。一＋二＝三という計算にしても、これは思考の直観として正しさを確信するのであって、対象によってこれが証明されるわけではありません。リンゴ一つと二つを一緒にすると三つになるというわけですが、まったく同じリンゴはなく、具体物としては重さや体積が異なるものを足すことになるため不正確です。しかし、論理操作、思考操作としては、正しさを直観できる力が人間にはあります。したがって、概念や思考は内的な直観によって知覚されるのです。

一人ひとりの人間の思考は、思考世界からの直観により正しい思考を行うことができます。身体は、体調の悪さにより思考力を弱めることは可能であっても、思考の原理を変えることは不可能なのです。思考の原理は、思考の世界から直観によってもたらされるからなのです。

思考の世界と知覚の世界の二つの世界が協働して、現実が構成されます。言い換えれば、現実には、概念と知覚対象の両方が含まれているのに、知覚対象は五官を通して認識され、概念は思考を通して認識されるということです。

それでは、認識や思考はいかにして行為へと導かれるのでしょうか？　認識と行為はいかなる関係にあるのでしょうか？　何が人間を行為へと導くのでしょうか？

人間の行為を導くものは、通常、動機と呼ばれます。では動機とは何でしょうか？　意志と動機との関係は？　はたまた衝動と動機の関係は？

これらの関係について、当時の哲学や心理学は、正しい認識を示すことができなかったとシュタイナーはみています。そこで、シュタイナーは、独自の思考を展開することになったのです。

シュタイナーによれば、衝動と動機は、前者が肉体的な有機構成によってもたらされるものであるのに対して、後者は思考や概念や表象によって媒介されているといいます。思考世界の要素が、肉体的な構成要素である衝動や欲求に対して働きかけられた結果として生まれるのが動機なのです。ですから動機は、本能や衝動や欲求よりは水準が高く、理念的な要因によって影響を受けているのです。この二つの次元を区別することが、『実践理性批判』を批判する場合の基本的な区別となっているのです。

さて、思考や概念や表象が動機を通して行動に影響を与えることは確かですが、しかし、同じ表象、概念、思考が、ある人に対しては動機となり行動がなされるけれども、別の人は行動を起こさないということが生じます。なぜこうした違いが起こるのでしょうか。

これをハルトマンの用語を借りてシュタイナーは、性格学的特質の違いであるといいます。性格の違いが同じ概念を行動にまでもたらしたり、もたらさなかったりするわけです。では、性格学的な特質とは何によって決まるのでしょうか。それは「われわれの主観の多かれ少なかれ持続的な生活内容によって形成される。」（『自由の哲学』一六九頁）といいます。つまり、「われわれの表象内容と感情内容」によって形成されるのです。表象内容は、われわれの知覚内容が判断によりイメージ化されたのであり、その人その人の知覚体験の総体が、その人の表象内容を作り上げることになります。ですからこれは、その人の今までの人生における知覚体験の総体によって規定されるのです。

一方、感情内容は知覚体験とは異なり、自我と知覚体験との関係によって生まれるものです。つまり、感情体験は、対象には含まれていないのです。知覚対象が好ましいか好ましくないかは、その人その人によって異なり、主観的なものです。それは人間の側の反応にすぎず、対象そのものの客観的な性質ではないのです。しかし当人にとっては、この感情こそが自分にとっての対象の意味であり、重要なものになります。

以上のように考えますと、知覚と行動を結びつけるためには、（一）特定の表象や概念を動機にすることができる性格学的特質、（二）その人の性格学的特質に働きかけて意志を生じさせることのできる表象や概念、の二つが必要です。前者は道徳の衝動を表し、後者は道徳の目標を表しているとシュタイナーはいいます。つまり、一人ひとりの今までの体験、感情体験、知覚体験、イメージ体験の総体からそれぞれに個性的な道徳衝動が生み出され、それが行為の引き金になるとき、抱かれている表象や概念、理念が、道徳の目標を与えることになるというわけです。

それでは、道徳の衝動が形成される場である生活の場面というものは、いかなる要素から構成されているのでしょうか。つまり、一人ひとりの性格学的特質を構成する要素にはどんなものがあるのでしょうか。

まず第一段階として、五官に基づく知覚があげられます。知覚が直接的に意志に転化される場合、たとえば、空腹や性的欲求などの低次の衝動です。しかし、こうした直接的な意志と知覚の結びつきは高次の衝動においても起こりえます。日常生活のなかでみられるそうした直接的な一人ひとりの行動様式は、機転（Takt）とか倫理的好み（sittlicher Geschmack）と呼ばれています。

第二段階としては、感情があげられます。特定の感情は、外界の知覚内容に結びついて行動の原動力となることができます。飢えた人を見て同情心が呼び起された人は、行動へと誘われます。羞恥心や、誇りや、名誉心や遠慮の気持ち、後悔の念、復讐心、感謝の念、敬虔な感情、忠誠心、愛情、義務感などの感情は、そのつど行動を誘発しうるものです。この感情体験の蓄積がその人の道徳的な衝動を特徴づけることになるのです。

人生経験の三つ目の要素は、思考と表象です。どんな考え方をしてきたのか、どんな表象を蓄積してきたのか、こうした思考体験、表象体験によって、その人の道徳的な衝動は規定されてもいるのです。とりわけ経験豊かな人の場合には、特定の知覚対象と結びついてこれまで同じような場面で自分が行ってきた行為の表象や、自分の周囲でなされてきた行動についての表象が手本として呼び起こされ、意志が発動することになります。典型的な手本としての行動の表象が、特定の状況と結びついて想起されるとき、表象が意志を動かすことになるのです。

生活経験の四つ目の要素は、特定の知覚内容にかかわらない「概念的思考」です。私たちは、概念内容を純粋直観を通して理念界から取り出してくることができます。カントが実践理性と呼んだものがこれにあてはまり、誰が何と言おうとも、この状況でこう行動することが絶対的に正しいという確信が直観的に生まれてくる場合がこれにあたります。ややわかりにくいかもしれませんが、たとえば、自分の命が助かりたければ目の前にいる人を銃で撃ち殺せと命令されたとき、自分の命が奪われようと殺人はできないと、とっさに、確信をもって命令に従わない場合などがこれにあたるでしょう。理念界を支配している正義の原則が、直接その人に働きかけてきているわけです。あるいは、金儲けのために、悪いとわかっていても少々質の悪いものを混ぜた方が儲かるから混ぜろと指示されたとき、その命令には従えないと考えることもそうした事例といえるでしょう。知覚経験、感情経験、表象・概念体験・実践理性の直観の違いが、一人ひとりの人間の道徳的衝動を特徴づけているということになるのです。

次に、道徳の動機となる表象と概念についてです。

まず第一に、自分または他人の満足感の表象が、意志の動機となる場合があります。自分個人の幸福を、他人の幸福を犠牲にしてまで求めようとするのが純粋な利己主義で、他人の幸せを願うことは願うが、それは自分に対する好ましい影響を間接的に期待しているからだという場合のように、打算的な道徳に基づく場合もあります。

第二に、身体的な条件に規定される快や満足の表象を離れて、純概念的な行為内容が動機となる場合があげられます。この内容は、体系づけられた道徳原則の基礎の上に行為を置こうとするものです。道徳原則は、概念の根源について思い煩わせることなく、抽象的な概念形成のままに道徳生活を導くことができます。しかしながらこの道徳原則は、家長、国家、社会道徳、教権、神などの道徳的権威からの命令として受けとられたものであります。これらはいわば外からの命令に従うことになるのですが、内なる命令に従う場合もあります。それが良心と呼ばれるものです。

第三の段階として、外的あるいは内的な権威の命令を行動の動機とするのではなく、行為の基準を自分の動機のなかに見出し、その根拠を洞察することにより動機づけがなされる段階があります。この段階に立つ人は、道徳生活の要求を意識化して個々の行動を決定しようとします。この際に以下の三つの道徳的要求が考慮されることになります。

（一）人類全体の最大限の幸福を、もっぱらこの幸福そのもののために求める

（二）人類の道徳的進化もしくは文化の進歩を、ますます完全なものにしようとする

（三）まったく直観的に把握された個人の道徳目標を実現しようとする

の三つです。

全体の幸福や、文化の進歩という原則は、特定の体験内容に対する道徳理念の内容の関係、もしくはその関係の表象に基づいています。したがって、全体の幸福のために行動するか、文化のために行動するか、あるいは自分の道徳目標のために行動するかを、場面場面に応じて自分で考え、いずれかを選ぶことができるわけです。ところが、そうした個別の道徳原理がすべて二次的なものとなってしまう場合があるといいます。その場合には概念的直観そのものが主役を演じ、他のもろもろの動機は指導的な立場から離れるといわれます。これこそが、最高の道徳的行為です。この立場を称して、シュタイナーは「倫理的個体主義」（der ethische Individualismus）と名づけています。

この「倫理的個体主義」こそ、シュタイナーがカントの道徳哲学に対置したものです。この違いについてシュタイナーは次のように述べています。

「この道徳原則の正反対がカントの立場である。『おまえの根本命題がすべての人間にも当てはまるような行動をせよ』とカントは言う。この命題はすべての個的な行為を死へ追いやる。しかしすべての人がやるような行動の仕方が私にとっての規準なのではなく、個々の場合に何をしたらいいのかが問題なのである。」（一七八頁）

人間には、概念的直観、思考的直観、表象的直観が与えられています。概念とか思考とか真理判断などは、知覚対象から与えられるのではなく、思考活動により直観的に与えられるものです。一＋一＝二がなぜ正しいのかは、皆が正しいと直観できる点以外にその根拠を求めることはできません。思考世界から、論理的正しさという法則がとってこられるのです。それと同じように、何が善であるか、何が正義であるか、という点についても、正義の法則、善の法則の世界があり、そこから直観によってとってこられるわけなのです。一人ひとりの道徳的直観によって状況に応じた最善の行動を見つけて行動すること、これこそが、真の自由なる最高度の行動であるとされるのです。そして、状況に応じた正しい行動を見出す力が、道徳的想像力（道徳的ファンタジー）なのです。

権威による道徳や、徳目による道徳のように、その人の外部から規準を押しつけ制限する形での道徳よりも、その人が自分自身の判断で、自分自身の道徳的直観に基づいて行為することが本来の道徳のあり方である、というのがシュタイナーの道徳論の特徴なのです。

とはいえ、一人ひとりの価値判断に任せてしまって本当に大丈夫だろうか、独りよがりな行為をする人が続出するのではないか、といった不安を抱く人も少なくないことでしょう。

しかしながら、独りよがりな行為というものは基本的に、自分の欲求や衝動に支配された行為であり、それゆえに利己的な行為となってしまうものです。自己の身体的な欲求から距離をとって思考を媒介として判断された行為は、道徳的理念の影響を受けており、独りよがりにはならないものなのです。しかしそれでも、いわゆる頭のいい人が犯罪に手を染めることもあるではないか、思考を媒介することと善悪とは直接的には結びつかない例はいくらでもみられるではないか、といった反論がなされることでしょう。

しかし、道徳的直観はどうでしょうか。思考の正しさは、直観的にしか認識できないのです。では善悪についてはどうでしょうか。現在の人類の発展段階においては、人間の心のなかに良心があるということが前提となっています。ですから、悪いことをする人は、それが悪いとわかっていてその行為をしているということになります。なぜそうした行為をしてしまうのでしょうか。その動機は憎しみであったり、復讐心であったり、嫉妬心だったりするでしょう。その人の存在が、自分にとって都合が悪いからということもありえるでしょう。お金が絡んでいるがゆえの悪事ということもあるでしょう。つまり、悪いとわかっていても、欲望や感情に流されてしまっているということです。ですから、行為が道徳的直観に依拠せず、衝動や欲望によって導かれてしまっているということになります。道徳的直観にあえて従っていないのです。

だからこそ、身体的に規定された欲望や欲求あるいは衝動に規定されることなく、それぞれの個別の良心ともいうべき道徳的直観に従って状況に応じた行為を、道徳的ファンタジー力によってそのつど生み出すことがもっとも大切なのです。そしてそれは決して、常にベストとなるかどうかはわかりませんが、少なくともベターな行為を生み出すことができるのです。良心といえども、常に良心にお伺いを立てていたのでは、良心に縛られることになってしまいます。ですから、良心の源である道徳的な直観に依拠して状況に応じた道徳的ファンタジーを活性化することがもっとも大切なのです。人間には、よりベターな行為を自ら状況に応じて生み出す自由が存在しているのです。これこそが、自由の本来の意義であり、悪いことをするために自由があるのではないのです。より優れた行為を生み出すことができるように自由が与えられているのです。

　では何がより優れた行為なのでしょうか。優れた行為かそうでないかは、何によって、いかなる規準によって、判定できるのでしょうか。道徳的直観が一人ひとり異なっているとしたら、そんな規準は存在しないということになってしまわないでしょうか。

　この規準を示す言葉を、シュタイナーは、「自由の理念」の章で何度も触れています。

「道徳原則はもっぱら直観となって私の中で働いている。そうでなければ、その道徳原則は私を突き動かさない。それは私が行為を通して実現しようとする対象への愛と結びついている。(一八〇頁)

「対象への愛に従うときにのみ、私は行為する主体であることができる。」

「私は自分の行為の外的原則を必要としない。なぜなら私自身の内部に行動の根拠を、行為への愛を見出したのだから。」

「私が行動するのは、それを愛しているからである。愛に浸った私の直観が直観的に体験されるべき世界関連の中に正しく存在しているとき、その行為は、『善』になり、そうでない場合の行為は『悪』になる。」

「私を直接導いているのは、一般的な慣習や普遍道徳や一般人間的な原理や道徳規範などではなく、行為に対する私の愛である。」（以上、一八一頁）

「行為への愛において生きること、他人の意志を理解しつつ生かすこと、これが自由な人間の基本命題である。」（一八五頁）

結局、道徳的直観を支えるのは、「対象への愛」、「行為への愛」なのです。隣人愛こそが道徳の王国を支配する理念であり、この理念界に一人ひとりがアクセスしてそれぞれの道徳的直観を得ることにより、それぞれのおかれた状況にもっとも相応しい道徳的行為が導かれるというのです。

以上の説明でなお納得できない人のために、さらなる補足をしておきたいと思います。

ダーウィンが主張したように、人間は進化してきています。しかし、ダーウィンが取り上げなかった精神面においても進化します。世界史の通史的な説明においても、中世から近代への移行期に共同体が崩壊し、近代都市が生まれ、個の自覚が生まれ、個人主義が生まれてきたといわれています。日本では、市民革命が不十分なために、個の確立がなされないまま集団主義的共同体的な心性が残っていて、これが日本の民主主義を未熟なものにしているともいわれてきました。

確かに個の自覚は、中世から近代への移行期における人間意識の大きな進歩でした。ルネッサンスにおいて感覚の解放がいわれたのも、一人ひとりの感じる感覚を大切にしようとするものですし、プロテスタントによる宗教改革も、教会という制度が、一人ひとりの救いを保証するという共同体的な原則から、一人ひとりが神の言葉（聖書）と向き合い、個人として直接神に相対するという信仰の個人主義への変化とみることができます。市民革命により身分制度が崩壊し、人権が認められたことは、まさに人類の意識の個人主義化を象徴する出来事であったといえるでしょう。

民主主義という政治制度は、一人ひとりの市民が自分自身の判断力をもち、そうした市民が皆で話し合うことで最良の決断がもたらされるという考え方に基づいています。ところが、一人ひとりの市民の意識がなかなか高くはならず、民主主義が衆愚政治に堕落する気配が感じられます。市民性教育が日本においても最近強調され始めていますが、それは、一人ひとりが個を確立し、政治意識を高められることがまさに現代の課題であることを自覚したうえで主張されているのでしょう。

何の外的な基準にもよらず、ましてやイデオロギーや教義によらず、一人ひとりが自分の体験、自分の感覚、自分の思考、自分の直観、自分の良心、自分の判断に基づいて行動する自律的人間へと前進していくことが、「自由の理念」であり「自由の哲学」なのです。

自由とは、人間の進歩にとって不可欠の条件なのです。『自由の哲学』は、一人ひとりの人間がそれぞれに道徳的直観をみがき、道徳的ファンタジーを豊かにしていくことによって、人類全体が「友愛」の世界へと近づいていくという、大きな未来への見取り図に支えられているのです。ゆえに『自由の哲学』は「希望の哲学」でもあるのです。

三．「第一〇章　自由の哲学と一元論」

第一〇章では、素朴実在論と形而上的実在論は自由の哲学と相容れないということが述べられ、シュタイナーの一元論の立場の正しさが主張されています。。以下はその概要です。

素朴実在論というのは、目で見たり手で触ったりできるものを素朴に実在していると信じている立場を指しています。この立場の人々は、道徳的な行動原理を感覚的に理解することを教えてくれる人を捜し求めます。自分よりも上に立つと思える人から、行動原理を命令として与えられることを願っているのです。そこからさまざまな行動原理が生まれるのですが、それが、家族や、国家、社会、教会といった権威の指し示してくれる行動原理なのです。しかし、こうした集団といえども結局は自分と同じような弱い人間の集まりだと思う人々は、もっと高次な神的な存在を求めようとします。神的な存在も、感覚的に知覚できる特性をもたされることになるのです。素朴実在論の最高形態は、外から神の声として聞いたものを内なる良心の声として受け止める段階です。この段階になると素朴な意識の段階は超えられ、道徳規範が自分の内なる形而上的な本質存在になっているといえ、形而上的実在論に近くなっているといえます。形而上的実在論は、道徳の起源を人間外的な現実存在に求めます。その場合にいくつかの可能性があります。その一つは、唯物論のいうように機械的な因果関係によって道徳規範が作用すると捉える考え方です。しかし、この考え方に立つと、人間に自由の働く余地はなくなり、自由であると錯覚しているにすぎないということになってしまいます。

もう一つの可能性は、現象の背後に存在している人間外的な絶対者を精神存在として認める可能性です。その場合は、理性のなかに見出せる道徳原理も、絶対者によって生み出されたものと考えられ、人間は理性によって絶対者の命令を知り、それを実行する存在にすぎないということになります。背後に存在する高次の秩序を生み出す目に見えない絶対者を仮定する二元論においては、道徳的宇宙秩序の主役は人間ではなく、人間外的な存在なのです。

素朴実在論も形而上的実在論も、人間を必然的な外的原則の執行者にすぎないと考えている点で、自由を否定することになるのです。

シュタイナーの主張する一元論は、知覚世界の正しさを認めています、ただ、直観によって道徳理念を獲得できないかぎりは、どうしてもそれを他者から受け取らざるをえなくなり、道徳原理を外から受け取るかぎりは、どうしても自由であることはできなくなると考えているのです。一元論は知覚内容と並んで理念にも同じ正当性を認めるのです。一人ひとりの人間の個体のなかに現れる理念に突き動かされて行動する人が、自由を実感することができるのであり、この理念は、それぞれの人々の直観によって与えられると考えているのです。「一元論にとっての道徳的世界秩序とは、まったく機械的な自然秩序の模像でもなければ、人間外的な宇宙秩序の模像でもなく、まったく自由な人間の所産」（一九八頁）なのです。自分自身の意志を実現するのが自由な人間の課題なのです。

人間が自由であるか否かを議論しても意味はなく、一元論の立場は、人間のなかに進化する存在を認めるのです。つまり現在の方向に進んだら、自由な精神の段階に達することができるかどうかを問題にしているのです。

四.「第一一章　世界目的と生活目的――人間の使命」

第一一章においては、目的を設定できるのは人間だけであり、自然のなかに目的の存在を仮定するのは誤っているということが述べられています。この章の主張は次の引用にうまく表現されています。

「目的が問題になるのは、人間が何かのために自分で作り上げたものだけである。なぜなら理念の実現のためにのみ、合目的的に何かが作られるのであり、しかも実在論的な意味においては、理念は人間の内部においてしか働くことができないのだから。それ故人間の生活においては、人間自身が与えた目的と使命だけがある。人生にはどのような使命があるのかという問いに対して、一元論は、人間が自分で定めた使命だけがある、と答える。」（二〇七頁）

人間にとっての目的と使命は、それぞれの一人ひとりの人間が自分で自分に与えた目的と使命だけがあるのであって、外部や他人によって与えられたり神によって与えられたりするものではない、と考えられています。人間以外のものに目的を想定することも誤っていると考えられています。

五.「第一二章　道徳的想像力――ダーウィン主義と道徳」

この章においては、シュタイナーの主張する道徳的個体主義の考え方がダーウィンの進化論と矛盾していないことが論じられています。道徳的想像力は、自由の哲学の中心的な重要概念です。冒頭で次のように書かれています。

「自由な精神は自分の衝動に従って行動する。言い換えれば、自分の理念界の全体の中から思考によって直観内容を取り出してくる。不自由な精神は、理念界から特定の直観を選り分け、それを行動の基礎に置くことの理由を、自分に与えられた知覚世界の中に、つまりこれまでの諸体験の中に求め続ける。」（二一三頁）

自由な精神か不自由な精神かは、行動の基礎を、外部の知覚世界の側から、これまでの諸体験のなかから見出そうとするのか、あるいは、自分の内側にある理念界全体のなかから思考によって直観内容を取り出してくるのか、という点が違いであるというのです。

したがって自由な精神の持ち主であれば、誰もしたことのないような決断を下すことができるのです。別の人ならどうするかとか、どんな命令を下しただろうかということを気にかけず、自分が思考によって選び出した直観内容によって決断を下すからです。どんな概念も理念も、具体的な個々の出来事のなかで実現されねばなりません。ライオンの概念は一頭一頭の具体的なライオンの知覚像として現れるわけです。この概念と知覚像の中間にあるのが表象と呼ばれるもので、人間は、具体的な表象を想像力（ファンタジー）を通して理念全体のなかから作り出すのです。したがって、自由な精神は、自分の理念を具体化するためには、道徳的想像力を必要とするのです。道徳的想像力こそが自由な精神にふさわしい行動の源泉であり、ゆえに、道徳的想像力をもった人だけが道徳的に生産的であるといえるのです。

道徳的な想像力が自分の表象内容を具体化するためには、特定の知覚内容のなかに働きかけていかなければなりません。人間の行為は知覚内容を作り出すのではなく、すでに存在している知覚内容に手を加えて、それを新しい形態に変えるのです。だから、道徳的に行為するためには現象世界のことをよく知っていなければなりません。したがって道徳行為は、科学的認識を通してその実現の道を探究しなければならないのです。この能力が道徳技法と呼ばれるものなのです。

道徳の法則は、まず私たちがそれを作り出さねばなりません。それを作り出す前には、それを通用できないのです。

進化論を信奉する人は次のように考えます。〝永遠の生命をもった人がいると仮定し、その人が地球の進化を観察したとしたら、原羊膜動物から爬虫類が次第に生じてくる過程を観察できたであろう〟と。とはいえ、原羊膜動物の概念から爬虫類の概念を取り出すことができると主張することはできません。進化の過程が進んだ後で確認ができるだけであって、最初から爬虫類の概念を取り出すことはできないのです。この点については、道徳もまた、具体的に道徳理念の表象が現実化されたときにはじめてその理念の具体的様相がわかることになるという点で同じであるといえます。つまり、未来においてどんな進化した生物が生まれるかは、今の生物から予測することはできないし、将来の人間の道徳のあり方も、過去や現在の道徳から導き出すことはできないのであり、そこでは、一人ひとりの道徳的ファンタジーによる道徳表象の創造による新しい道徳の具体化が役割を果たすのです。その意味において、有機体の進化も人間の道徳の進化も同型であると、シュタイナーは主張するのです。

「意志が自由であることの正しさは、意志の中に理念的直観が生きているという体験によって裏づけられる。」（二二七頁）

自分の思考を経由して、どうしてもこのようにしたいという行動が直観的に湧き上がるということが、意志の自由を証明しているのだというのです。外部からではなく、一人ひとりの内側から湧き上がる理念的直観が自由を保証しているのであり、道徳的ファンタジー力がその直観の豊かさを保証することになるというのです。

六．「第一三章　人生の価値――楽観主義と悲観主義」

以下は、第一三章の概要です。

人生の目的と人生の使命について論じた後、シュタイナーは人生の価値として、楽観主義と悲観主義を取り上げます。楽観主義とは、人生は楽しみや幸せで満ちているとする考え方で悲観主義とは人生は苦悩や不幸に満ちているととらえる考え方です。楽観主義の代表としてはライプニッツやシャフツベリがあげられ、悲観主義の代表としてはショーペンハウアーとエドゥアルト・フォン・ハルトマンがあげられています。とりわけこの章では、快と不快を量的に測定すれば不快の方が多いとするハルトマンの考え方を批判の俎上に載せています。

シュタイナーは、快と不快を量的に測定して比較することが不可能であるとは考えていません。それはそれで計算も可能ではありましょう。しかしながらシュタイナーは、人間の快と不快の関係は、両者のどちらが多いかを計量してどちらかを選ぶという形で人間の行動を規定しているのではないと主張します。人間は、ある人生の目標を実現したいと思い努力するものです。この目標を実現するに際しては、多くの困難が待ち構えていることもあります。しかし、目標を実現したいという強い欲求を抱いている人間は、どんな困難や不快も乗り越えて目標を達成しようとし、その目標が達成できた時の快感は、多くの障害を乗り越えるほど満足感が大きくなるものですし、人間は、努力に値する何かが達成できると信じられる間は、あらゆる悩みや苦しみに耐えて戦うものなのです。たとえば、次のような部分でそれが述べられています。

「われわれは不快感の量を、快感の量とではなく、われわれの欲求の大きさと比較する。」

「子どもが欲しいと思っている女性は、子どもを得ることで与えられる喜びを、妊娠、出産、子育てなどから生じる苦しみと比較したりはしない。その喜びを子どもが欲しいと願う欲求と結びつけ

る。」（二五〇頁）

「欲求が特定の快感の充足を求めているときには、その快感を上廻る程の不快感を我慢しなければならなくても快感が十分に喜びを与えてくれる。」

「問題となるのは、得ることのできる快感の方が大きいか、それに伴う不快感の方が大きいかではなく、目指す目標への欲求の方が大きいか、障害となる不快感の方が大きいかである。」（二五一頁）

「快感と不快感のどちらがより大きいかではなく、快感への欲求が不快感を克服するのに十分な強さをもっているかどうかが問われるのである。」（二五二頁）

「人間とは本質的に、欲求に伴って生じる不快感がどんなに大きいものでも、それに耐えられる限りは、欲求対象を手に入れようと望むものなのだ。」

「欲求を充足させる際に生じる快感と不快感に対する態度を決めるのは、合理的な哲学ではなく、まさに人生そのものである。」（二五三頁）

道徳的であるために人間は、自分の本性の欲求を捨て去る必要などありません。なぜなら道徳性は、正しいと認めた目標への努力のなかに存するのですから。本当の倫理学は、たとえその道がどれ程いばらに満ちていようとも、目標達成へ向けての、理念的直観に担われた力強い意志に基づいているのです。

「道徳理想は人間の道徳的想像力から発している。その理想の実現は、人間が苦しみや悩みを克服してまでもその理想を欲求しようとするかどうかにかかっている。理想は人間の直観内容であり、精神が引きしぼる弓である。人間はそれを欲する。なぜならそれの実現は至上の快感なのだからである。」（二五七頁）

「善と呼ばれるものは、真の人間本性にとって、為すべき事柄なのではなく、為そうと欲する事柄なのである。」（二五八頁）

そして、人間全体を発展させるためには、精神に由来する欲求が必要なのです。

「調和的な発達を遂げた人間にとって、善の理念は自分の本質の範囲外にではなく、その範囲内にある。」（二五九頁）

七．「第一四章　個と類」

この章では、民族や種族と個人の関係について論じられています。個体主義を強調した場合、民族的な性質や種族的な性質との関係はどうなるのか、という疑問に答えた箇所ということになります。

シュタイナーの立場は、個体主義、すなわち一人ひとりの個性を深めることが基本で、類としての性質は個体主義を実現する手段にすぎず、個体主義の妨げになるものではないというものです。人類の発展段階として個が自立する段階に入ったので、個の方が基本になるという立場に立っているわけです。

この箇所では、男性と女性の区別についても論じられていますが、女性が個性を発揮する余地が狭められ、女性という類として扱われていることに異議を申し立てています。シュタイナーは次のように述べます。

「男の生活はその人の個的な能力や欲求に従っている。女の生活はまさに女であるという事情によって決められている。」（二六五頁）

「女として望むことのできるものが何なのかは、女の判断にゆだねなければならない。」（同頁）として、女性一人ひとりの自立的な判断を重視すべきと考えています。女性も異性同様個体としての人生を歩む必要があるといい、さらに続けて以下のように言葉を投げかけています。

「思考と行動における自由の領域が始まるところでは、類の法則は力を行使できない。」

「どんな人でもその概念内容を完全な形で他人に伝えることはできない。各人は自分の直観を通して、それぞれ自分でその概念内容を手に入れなければならない。」

「個人がどのような考え方をするかを何らかの類概念から導き出すことはできない。そのための唯一の尺度は個人なのである。個人が自分の意志にどんな具体的目標を与えようとするのかも、人間の一般的な性質から決めることはできない。」(二六六頁)

第三節 「第三部 究極の問いかけ」

一. 「第一五章 一元論の帰結」

第一部では、自由を基礎づける哲学的な考察と、カント的な二元論の批判がなされました。そして思考によって現実の知覚内容が概念と組み合わされ、知覚内容の統一的な像を描くことができることから、一元論が主張されていました。思考を梃子として、思考、知覚、概念、理念について考察すれば、二元論は誤りであることが示せるというのが第一部の目標でした。そのうえで第二部においては、現実の内部で、人間生活の、また人間の人生のどこに自由が見出せるのかが検討されました。その結果、理念界から、一人ひとりの道徳的ファンタジーによって知覚内容と結びついた理念が構築され、それぞれがそれぞれに自由に判断を下すことができるところに自由の根拠が見出されることが明らかとなりました。

以上の検討を受けて第三部においては、シュタイナーの主張する一元論の正しさを、二元論との違いを際立たせながら総括的にまとめようとしています。その意味で、シュタイナーの一元論の立場が、もっとも簡潔にわかりやすく述べられている箇所であるともいえます。

では、結論部分ともいうべき第三部第一五章の内容をご紹介しましょう。

主観と客観を区別し、客観的な部分を真理とし、主観的なものを排除しようとする科学の二元論は、自然法則という現実の一方しか見ない点で不完全であるとシュタイナーはみています。知覚対象は、感覚的知覚だけに頼って認識した場合、カオスとしてしか現れてきません。それぞれの知覚対象の連関が、自分との関係も含めて、概念・理念・思考によって関連づけられたときに、知覚対象は統一的な像となってわれわれの前に現れるのです。思考は、自分で考えるという点では主観的ですが、思考はすべての人間に理解される理念世界に属しているからこそ、すべての人間に理解されるのであり、さらに言語の違いを超えて理解されるのです。思考は主観的であると同時に客観的であり、この思考の助けを借りて、知覚対象の現実が認識可能となっているのです。つまり、主観的でもあり客観的でもある思考の助けを借りることによって、知覚対象の統一的な現実があらわになるのです。それが可能になるのは、人間が思考力を有するからでもあるのですが、現実自身が知覚対象と知覚対象の相互関連から構成されているからでもあるのです。

思考のこうした性質に気がつかなかったショーペンハウアーやエデュアルト・フォン・ハルトマンは、抽象的な思弁を展開し、結局は彼岸の世界に、前者は人間の意志を、後者は理念と意志を投影しているに過ぎないことがわかります。二元論では不十分なのです。大切なのは、両者が一体となっている現実にいかにして肉薄するかであり、それを可能にするのが思考を梃子とした一元論なのです。思考は、知覚内容と結びついてはじめて現実を把握できます。人間の自由がどこにあるかといえば、一人ひとりの人間が衝動に流されることなく、理念世界のなかから道徳的想像力を用いて自分の動機となる人生目標、道徳目標を具体的場面において行為へと変換するところにあるのです。理念を現実世界に実現できるのは人間にのみ可能で、それこそが人間の使命なのです。そうした目標としての理念は、他者や偉人、あるいは神によって外部から与えられるものではなく、一人ひとりが己の道徳的想像力によって、理念世界から具体的な状況での行動原理を自分の意志として選択することによって与えられるものなのです。最後に次のように述べられています。

「ただ人間だけがこの動機を理念界の中から取り出して、それを現実の中へ移すことができる。人間が自分から積極的に理念を現実の中へ移し換えるとき、一元論は人間の中にそのための動機の根拠を見つけ出すことができる。或る理念が行為となるためには、まずそれを人間の意志にしなければならない。そして意志は人間そのものの中にのみその根拠をもっている。だから人間は自分の行為の最終決定者なのであり、人間は自由なのである。」（二七九〜二八〇頁）

第三章　『自由の哲学』と『自由への教育』

第三章　『自由の哲学』と『自由への教育』

はじめに

第三章においては、『自由の哲学』がシュタイナー学校の唱えている『自由への教育』（国際ヴァルドルフ学校連盟編集、高橋巖・高橋弘子訳〈ルドルフ・シュタイナー研究所〉）にどのように影響を与えているかについて叙述することを目指しています。

『自由の哲学』は、カントの認識論の批判、カントの「物自体」の認識不可能性の批判により、カントに代わる新しい認識論の提起とその帰結について論じたものでした。モノの論理と精神の分析を統合した新しい哲学の課題は、人間には自由が存在し、その自由のなかでいかにして生きたらよいかについて、倫理的個体主義の立場からその方向性を示したものでした。

人間には自由があり、その自由のなかで一人ひとりが自分の道徳的な判断により独自の判断をする力を養うことが大切なのだとされた場合、教育はどのようになされる必要があるのでしょうか。この問いに答えようとしたのがシュタイナー教育であり、シュタイナー学校なのです。

自由の哲学によって開かれた新しい認識論の地平に立てば、社会科学、自然科学などの個別科学も新しく生まれ変わっていく契機を与えられるのみならず、社会の見方、経済の見方、政治の見方、教育の見方、人間の見方なども新しく構築されていくことになります。そうした作業に入る前の基礎が自由の哲学であり、その応用編が、シュタイナー的な医学であったり、薬学であったり、農業、経済、芸術、そして教育であったりするのです。

このいわば応用編において一番中核となるのは、シュタイナーの唱えた「社会の三分節化」構想です。

「社会の三分節化」構想というのは、社会を、〝政治の領域〟と〝経済の領域〟と〝精神の領域〟の三つに分節化して把握し、政治の領域には平等の原則が、経済の領域には友愛の原則が、精神の領域には自由の原則が当てはまるとみる考え方をいいます。マルクス主義の場合には、経済という下部構造がそれ以外の政治や文化や精神といった上部構造を規定すると考え、とりわけ精神の自由の分野がおろそかにされています。資本主義社会においても、経済の領域における自由競争が強力で政治や精神の領域は経済に従属しているようにみえます。このアンバランスが社会を不健康にしているのであり、政治と経済と精神の三領域がそれぞれバランスよく、経済は友愛の原則により、政治は平等の原則により、精神は自由の原則により運営されたときに社会は健全になると考えられているのです。この点については『社会の未来―シュタイナー1919年の講演録』（高橋巖訳、二〇〇九年〈春秋社〉）、『シュタイナー　社会問題の核心』（高橋巖訳、二〇一〇年〈春秋社〉）に詳しく述べられているのでそちらを参照してください。

現在の世界では、自由と平等をどのように調整するかが最大の課題になっているようにみえますが、自由を精神の領域の原則とし、平等を政治の領域の原則とし、友愛を経済の原則として運営したら、自由と平等と博愛というフランス革命の三つの理念が、バランスよく実現されることになるのです。この社会の三分節化の考えに立つと、一番大切なのは精神の自由ということになります。なぜなら、精神の自由こそが新しい社会を作る力となるからなのです。一人ひとりの人間が権威の語る内容を信奉したり、専門家の発言をそのまま鵜呑みにしたりするのではなく、自分の経験、思考、感情、意志に従って熟慮したうえで判断を下すようになれば、政治領域の民主主義もうまく機能するようになり、格差社会から抜け出ることも可能になると考えられているのです。経済の領域が競争ではなく友愛の原則によって運営されるというのは一番理解しにくいところでしょうが、本来交換というものは、物々交換に典型的に現れているように、お互いに得をするものなのです。なぜならお互いに欲しいものを手に入れることができるのですから。分業というのも、そうしたほうがお互いにとって利益になるがゆえになされるのです。それがなぜ、自由競争により格差社会が生まれてしまうのかは、『シュタイナー経済学講座　国民経済から世界経済へ』（西川隆範訳、二〇一〇年〈筑摩書房〉）を参照してほしいのですが、ともあれ、経済を友愛の経済の方向へと向けることが、社会をより健全にすることにつながるという立場を取っているのです。

教育は、学問や文化や芸術と並んで精神の領域です。精神の領域において教育は、とりわけ自分の考え、感情、意志、経験によって判断することにより自由を行使できる人間の形成の役割を果たすことになります。「自由な教育」ではなく「自由への教育」と呼ばれるのは、大人になったときに、自分自身で判断する力をもつ自由人になるための教育をしているのであり、その教育は自由放任ではなく子どもの発達過程にふさわしい教育でなければならない、ということを意味しています。

第一節　シュタイナーの発達観

子どもの発達過程にふさわしい教育はいかにあるべきでしょうか。シュタイナーは、七年周期説を唱えています。この考え方によりますと、発達の過程は、〇歳から七歳、七歳から一四歳、一四歳から二一歳までの大きく三つの段階に分けられます。それぞれの年齢段階によって教育の原則が異なっているとするのが特徴的です。〇歳から七歳までは、模倣によって学びがなされる時期であり、子どもは周囲の世界が道徳的であると信じて、周りの大人の振る舞いを模倣するというのです。ですからこの時期には、周りの大人が道徳的に振る舞うことこそが、教育にとってもっとも大切だとされているのです。七歳までの子どもが模倣に長けていることは、言語の習得能力からも想像がつくところでしょう。シュタイナーは、〇歳から七歳までの七年間は、二歳四カ月まで、四歳八カ月まで、七歳まで、と三つの段階に区分されるといいます。そして、最初の二歳四カ月は、模倣能力がもっとも強い時期であり、仮に二歳の時に父親が死んだとしても、その子どもが四〇歳になった時に父親そっくりの振る舞いを示すことがあるというのです。四歳八カ月までの第二段階は、〇歳から七歳までの年齢の発達段階がもっとも特徴的に示される時期であり、それは三歳において最初の自我が目覚め、僕とか私とかいう表現を用いるようになり、なぜという問いを発するようになることに示されています。四歳八カ月から七歳までの間においては、すでに次の七年期の特徴が現れてきて記憶力の強化が観察されます。この最初の七年間により、身体の基本的な形が整えられることになります。

なぜ七歳なのか、個人差はないのか、という疑問がわくかもしれませんが、もちろん個人差はあると考えられています。その子どもの七歳は、その子どもが歯の生え変わる時期にあたるというのです。歯の生え変わりは肉体を作り上げる力の働きが一段落した合図であり、その時が、その子どもの七歳なのです。ですから、七歳は平均的な年齢を示しているのであって、子どもにより多少前後することはあるのです。五歳頃から記憶力が発達するのは、体を作り上げる力が次第に余ってくることにより、その力が記憶力として働くことができるようになるからだといいます。この時期を自由という観点から見てみれば、子どもには、周りの大人の模倣をすることが最大の課題のため、まずは模範を見てそれに習う段階であり、本来の自由の発揮をする最初の準備段階とすることができるでしょう。この時期はまた、子どもが自分の身体を自分の意志で動かすことができるようになる時期でもあり、意志の教育の時期と呼ばれています。七歳という年齢が義務教育の始まる年齢に近いことや、たとえば日本には、「七つ前は神のうち」という言葉が残されているように、この時期の発達はいわば神の手の内にあり、大脳が三歳頃に完成し、肉体が独自の内なる法則によって発達する時期であるのです。

では次の、七歳から一四歳までには、どのような発達の特徴があるのでしょうか。この年齢は、基本的に教師や尊敬できる大人の言うことを聞く時期であるといえます。ですから、まだ理屈で納得する力はなく、尊敬できる先生の言うことなのでそのまま素直に受け入れるという時期なのです。したがってこの時期は、教師への畏敬の念がもっとも大切であるということになります。この年齢の段階に尊敬できる大人の人に出会えることほど幸せなことはないといわれています。今日では、この年齢段階においても自分で考えさせる教育が重視されていますが、シュタイナーの発達段階の考え方によれば、まだ自分の頭で考え判断するだけの力がないので、まずは、尊敬できる人の考え方を受け入れて理解し実行する必要があるといいます。自由を謳歌するためには、自分なりの感性や意志や思考が発達して自分で判断できるようにならなくてはなりません。人間の子どもは、生まれてすぐに自分で考えたり判断したりできるほど成熟していないので、時間をかけて基礎的な力をつけていかなければならないのです。そのために、尊敬できる先生や大人に帰依する段階が必要なのです。この段階は、「世界は美しい」という世界観に従って、子どもは生きているといわれます。

この第二・七年期もまた、二年四カ月ごとの三つの段階に区分されるといいます。七歳から九歳四カ月までの最初の段階は、まだ前の発達段階の影響が残っている時期です。それゆえ小学校一年生くらいからであれば、子どものなかに残っている模倣の力が、新しい言語を学ぶ力になり、外国語の学習の際、母語のように無理なくイントネーションや発音を学ぶことができるのです。一九一九年の創設以来、シュタイナー学校で小学校一年生から二つの外国語を学んでいるのは、このような理由によるのです。なお、シュタイナー学校での外国語教育の実績も影響してか、現在ヨーロッパのいくつかの国では小学一年生から外国語を導入する傾向がみられます。

九歳四カ月から一一歳八カ月までの第二段階は、この第二・七年期の特徴がもっとも鮮明に現れる時期であります。この時期に、シュタイナー教育でいう「九歳の危機」が訪れます。三歳における第一の自我の目覚めがいわば肉体が別々であることに気がつく段階であるとすれば、九歳における第二の自我の目覚めの時期は、心も別々であることに気がつく時期なのです。それまでの子どもは自分が痛いと感じれば、母親も同じように感じていると思っており、母親が自分と異なった心の状態であるということには気がつきません。しかし、心が別々であることに気がつくと、孤独に感じたり、あまり話さなくなったり、誰かに追いかけられていると感じたり、鏡を怖がったり、自分は本当の子どもではなく橋の下で拾われてきたのではないかなどと感じたりする、そんな時期なのです。心の自立、感情の自立がこの時期の特徴であるがゆえに、感情の教育の時期ともいわれます。そのためにシュタイナー学校では、芸術的な要素が授業のなかにふんだんに組み込まれているのです。

一一歳八カ月から一四歳までの間は、次の段階の特徴が現れてくる時期です。一四歳から二一歳の間は思考の教育の時期と呼ばれていますが、一一歳八カ月から一四歳までの間には、思考の萌芽があらわれてきますので、無理をすれば思考の教育ができないわけではありません。しかし、感情が成熟し、思考が萌芽から芽生えに移行してから思考に働きかける必要があるといわれており、いわば、感情から思考への移行過程が、一一歳八カ月から一四歳までの間であるといえるのです。

第二節　『社会問題としての教育問題』より

シュタイナーは、一九一九年の八月九日より一七日にかけて、『「社会問題としての教育問題』という六つの講演をしています（GA296）。とりわけ八月九日の講演のなかで、〇歳から七歳までの模倣の教育が、大人になった時の精神の自由に関係し、七歳から一四歳における教師への畏敬の念が、大人になった時の法の下における平等感覚に関係し、一四歳以降の思春期以降の愛の感情が、大人になった時の経済の友愛を支えることになるとの説明を加えています。

この箇所は経済の友愛、精神の自由、法の下の平等という社会の三分節化を支える人間形成と、シュタイナーの発達段階論が密接に関係していることを示した重要な部分のため、ここで取り上げておこうと思います。

まず、〇歳から七歳の模倣に触れているところです。

「過去において人間は、その生活がもっと本能的に営まれていたので、模倣に関しても本能的に模倣することができました。将来においては、そうはいかなくなるでしょう。未来においては、子どもが模倣者であるということに対して注意を払わなければなりません。未来においては、絶えず教育に関して次の問いに答えられる必要があります。子どもが最善の状態で環境を模倣するように、子どもの生活をどのように最善の状態に構築したらよいのか、という問いに。未来においては、過去に模倣について起こっていたことが、ますます強力に、意識的に問題とされなければなりません。というのも人間は、次の一言を自分に対して言わなければならないでしょうから。人間が社会的有機体のなかで大人になるべきであるとしたら、人間は自由な人間にならなければならない、という一言です。まず、子どもの時にできるだけ集中して模倣をしたときにのみ、人間は大人になって自由になるのです。」(GA296, S.18)

次は、七歳から一四歳までの間についてです。

「ご承知のように、七歳から第二次性徴まで、一四ないし一五歳までの子どものなかには、権威に従って行為する力が生きています。彼の周りにいる尊敬できる大人が、それは正しい、そうしなければいけない、と言うからという理由でそれをすること以上に、子どもにとって大きな癒しになるものはないのです。子どもにとって性的成熟の前にあまりに早くいわゆる自分自身の判断に慣れさせるほどよくないことはありません。七歳から一四歳の間の権威への感情は、未来において過去に持たれていた以上に高く、また密度濃く養成されなければなりません。ますます意識的にこの年齢のすべての教育は、子どものなかに目覚めてくる純粋に美しい権威感情の意味において導かれなければならないのです。なぜならば、この年齢の段階で子どものなかに植えつけられるべきものが、大人が社会有機体のなかで人間の平等として体験する基礎を形成することになるからなのです。人間の平等の権利意識はそれ以外の方法では養成されないのです。なぜなら、子ども時代に権威感情を植えつけられて身につけていないと、人間の平等の権利という意識にまで決して成熟しないからなのです。過去においては、少ない程度の権威感情があれば十分でした。未来においては、それでは不十分となるでしょう。」(GA296, S.19)

一四、一五歳から二一歳までについては、次のように述べられています。

「性的成熟の後、一四、一五歳から二一歳までの間に、一般的な人間愛（友愛）の特別なかたちとして、この異性愛が発達するのです。つまり異性愛は、人間愛の特別な形式に過ぎないのです。そして一般的な人間愛の力は、子どもが進学したり、あるいは職業訓練に進んだりするこの時期に養われなければならないのです。そうでなければ、歴史的な要請である、〝友愛に裏打ちされた経済生活〟を構成していくことができなくなってしまうのです。

未来に向けて〝友愛に基づいた経済生活〟への努力がなされなければなりません。一五歳以後の教育が意識されて友愛に基づいてなされ、世界観や教育がそれをよりどころとするよう構築されたときにのみ、人間愛が魂に根づくでしょう。」(GA296, S.21)

これからの時代は意識的に、〇歳から七歳までの子どもの環境を、優れた模倣環境として整えることが、精神の自由を育むことにつながり、七歳から一四歳までの子どもには、畏敬の念、尊敬の念、権威感情を養成することにより、法の下の平等の感覚を養うことができ、一四歳から二一歳までの子どもには、異性愛を人間愛の特別の場合として発展させることにより、友愛の経済の担い手が生まれてくる、というのです。

なぜそうなのだろうか、本当にそうなのだろうか、という疑問がわくかもしれません。模倣活動というのは、周りを信頼し、それと同一化しようとする試みなので、自由な開かれた精神の特質を備えているとみることができるのではないでしょうか。また大人に対する、あるいは教師に対する畏敬の念は、他者への敬意の感情体験であり、すべての人を尊敬の対象として平等に扱う基礎となる感情であるとみることができるでしょう。異性愛を一般化した人類愛の感情は、友愛の精神のバックボーンとなるだろうということは、納得できる気がします。

ともあれ、こうした理由により、教育による社会問題の解決が可能になると位置づけられているのです。この自由への教育の考え方は、実際の教育の成果であるシュタイナー学校の卒業生の実態から判断されるべきものであって、あらかじめ正しいとか誤っているとか決めつけるべきものではないでしょう。

第三節　シュタイナー学校の卒業生

では、シュタイナーの発達段階論に沿ってカリキュラムや教育方法が工夫されたシュタイナー学校で学んだ卒業生たちは、どのような大人になっているのでしょうか。これを経験科学的に調査するために、とりわけ二〇〇〇年以降、アメリカ、カナダ、ドイツ、スイス、スウェーデンなどで比較的規模の大きい卒業生調査が行われました（今井重孝「三つのシュタイナー学校卒業生調査の主要結果について」『青山学院大学教育人間科学部紀要』第一号、二〇一〇年、一一―一六頁）。まず、アメリカ・カナダ調査の結果をみてみましょう。

これらの調査をみると、シュタイナー学校に対する卒業生の満足度は高くなっています。またその能力についても、大学教授がみたシュタイナー学校卒業生の評価（五段階評価〈アメリカ・カナダ調査〉）では、①問題解決＝四・六、②イニシアチブ＝四・八、③論理的標準＝四・六、④判断力＝四・四、⑤コミュニケーション＝四・七、⑥リーダーシップと効率＝四・四、⑦他者への配慮＝四・八と高くなっています。問題解決能力に優れ、イニシアチブをとり、リーダーシップを発揮し、判断力にも優れ、コミュニケーション能力もあり、他者への配慮にも優れているというこの評価結果から、自分の思考・感情・意志をバランスよく発達させた結果として、自分の判断で精神的自由を行使する卒業生像が浮かび上がってきます。これだけをみても、「自由への教育」は成功していると判断できそうな気がします。

また、卒業生の職業選択について、高卒で就職した者に仕事との関係について尋ねると（アメリカ・

カナダ調査）八八・九％の卒業生が、「大変良い関係」あるいは「素晴らしい関係」であると回答しています。高卒就職者の九〇％近くが、自分の仕事との大変良い関係を維持しているのです。

アメリカ・カナダ調査における大学進学状況では、特定の大学に偏らず多様な大学に進学していることがわかりました。名門狙いではなく、自分にあった大学に進学しようとしている傾向が推測できそうです。大規模大学にも進学してはいるのですが、概してリベラルアーツ大学への進学が多いことから、専門教育よりも一般教養教育の方を重視していることが読みとれます。シュタイナー学校では、一二年間の一貫性のあるカリキュラムを採用しており、一二学年まで原則的に幅広く共通の科目を学んでいることが進学先にも影響していると思われます。日本の大学受験のように少ない科目に集中して勉強するのではなく、幅広い関心興味を育てていることは、選択の自由度を広げることにもつながっていることでしょう。自由な決断を支える条件整備がここでも行われていることがわかります。

また、アメリカ・カナダ調査では、大学進学率が九四％と、高くなっています。シュタイナー学校は一二年間の一貫教育が原則で、途中で選別したり、学力別クラスを編成することはありませんが、にもかかわらず大学進学率はとても高いのです。もともと教育熱心な親が多いため、成績が良い生徒が多くて当然と考える見方もないではありませんが、設立当初より、むしろ発達に障害があったり、公立学校に適応しにくい生徒を受け入れたりしていた経緯もありますから、さまざまな生徒が集まる学級を基礎として勉強するという方式が結果的に進学率を高くしていると推測されます。とりわけドイツでは、公立のシステムでは、四年間の初等段階の後、基幹学校、実家学校、ギムナジウムへと分岐する方式を取っていますが、シュタイナー学校では同じ教育を全員に行っています。そしてその結果として大学進学率が高いということは、この教育システムの力を示しているといえるのではないでしょうか。

また、高卒大卒全員を対象とした卒業生の職業選択について、何を重視しているかを聞いたところ（五段階評価〈アメリカ・カナダ調査〉）、回答者の九四％が「職場の雰囲気のよさ」（四・六）を重要と判断していました。続いて、「職業の倫理原則」（四・三）、「他者を助ける機会がある」（四・三）が高い評価を受けており、その後、「自分自身の考えを入れられる機会」（四・二）、「仕事での自信」（四・二）、「他者との接触」（四・二）、「自分の子どもとの両立可能性」（四・二）となりました。「高所得」については三・一と低く、回答者のわずか二六％が重要と判断しているに過ぎませんでした。

この結果から、シュタイナー学校の卒業生は一般に、賃金の高さよりも、職場の雰囲気、職業倫理、他者の役に立つ、自分の考えを活かせる、自信をもてる仕事、他者とのつきあいなど人間関係的な要素を高く評価していることがわかります。

さらにシュタイナー学校卒業生は、シュタイナー学校の影響をどのように感じているのでしょうか。その結果をみてみましょう（アメリカ・カナダ調査）。「非常に影響があった」と「この上ない影響があった」を合計すると、①創造的能力＝八七％、②言語的表現力＝八四％、③学習への愛＝七九％、④他者に見解を述べる＝六九％、⑤自信＝六九％が上位の五項目となっています。

創造性に関しては、先述の大学教授の評価（アメリカ・カナダ調査）とも符合しています。言語で自己を表現する力についてもシュタイナー教育の影響が大きいと判断されています。学習への愛は、学びの楽しさを十分経験していることと対応しているでしょう。他者に自分の見解や態度を説明する力も、言語的自己表現力と通じるものがありそうです。自信があるという項目については、七六八名のシュタイナー学校の在校生（独）に対するわれわれの調査結果でも、七九％が自己を信頼しているとの結果が出ていました（今井重孝（研究代表者）編　二〇〇六　平成15年度から平成17年度科学研究費補助金（基盤研究（C）研究成果報告書『シュタイナー学校のアビトゥアクラスに関する研究』）。

次に、スウェーデンの「市民道徳的能力」についての公立学校とシュタイナー学校との比較の結果をみてみましょう。

①シュタイナー学校の生徒の方が、より社会的責任、道徳的責任を感じている。
②シュタイナー学校の生徒の社会問題、道徳問題への関与は、九学年と一二学年を比較すると年齢が上がるにつれて増加しているようにみえる。
③シュタイナー学校の生徒は、ナチイデオロギーや人種差別主義を押しとどめたり、制限したりする方法をより多く提起している。
④シュタイナー学校の生徒の方が、より肯定的な自己イメージを抱いている。
⑤シュタイナー学校の先生の方が、人間の尊厳、平等、環境をより重要と感じていると生徒は回答している。

こうした結果は、シュタイナー学校の卒業生は倫理性が高いとする先述の大学教授の評価（アメリカ・カナダ調査）とも対応しています。

『自由の哲学』は道徳的ファンタジーの重要性を訴えていましたが、こうした倫理性の高さに支えられて、大人になった時にも、自由のもとで自分なりの道徳的判断を下すことができる力が備わっているとみることができましょう。

スウェーデン調査では、①シュタイナー学校の卒業生は、他の学生に比べて、就職機会を改善するためよりもその教科自身への興味に基づいて勉強するという結果、そして、②シュタイナー学校の卒業生は、大学の環境においても幸せでうまくやっているという結果が示されています。

アメリカ・カナダ調査の自由記述の質問として、「あなたの受けたシュタイナー教育を思い返して最初に思い出すのは何でしょうか？」という項目がありました。この自由記述を整理すると、以下のようになったということです。①自己の発達（九六名）、②社会的コミュニティー（八六名）、③バランス・包括性（八〇名）、④安全・庇護の感情（七四名）、⑤知的成長（四九名）。

社会的コミュニティーとして庇護された空間で自己を発達させ、安心できる環境の下でバランスのとれた発達が保障されている、そんなイメージがシュタイナー学校の肯定的側面として浮かび上がってきます。発達段階に沿って自由への教育を実現するには、まずは保護空間としての環境を整えることが大切です。そしてシュタイナー学校での教育は、大学への準備教育としても優れた成果をあげているということができるでしょう。

以上の結果から、感情の教育、意志の教育、思考の教育をバランスよく行うことにより、シュタイナー学校の卒業生は、自由のなかで自分にとってふさわしい人生の方向を選び決断し、自信をもって生きていると考えることができそうです。

第四章　『自由の哲学』と現代思想

本章では近年刊行された自由を論じている主要な書籍を、『自由の哲学』と比較しつつ紹介します。『自由の哲学』との類似点、相違点に触れることで、シュタイナーの思想とその現代的意味を、より深く理解する手がかりが得られるのではないかと思います。

佐伯啓思著『自由とは何か──「自己責任論」から「理由なき殺人」まで』（二〇〇四年〈講談社現代新書〉）

社会思想史家の佐伯啓思は、現代社会における自由について深い考察をしている思想家です。本書は、イラクの人質事件をめぐって右派ジャーナリズムが人質の自己責任論を展開したことを、国家の国民を守るという責任を放棄した論であるとして批判するとともに、自由があまりにも当たり前になりすぎて「理由なき殺人」が起きるような社会状況を批判的にみる視点から「自由」を論じた良心的な本です。

佐伯は結論的に次のように述べています。

「結局、『自由』にかかわるテーマは、その多層性において論じなければならない。これが本書で述べたかったことだ。現代のわれわれは、つい自由を『個人の選択の自由』として理解してしまう。しかし、その背後には二つの次元がある。一つは「社会の是認」もしくは、「他者からの評価」であり、もう一つは「義にかなう」という次元である。少なくとも、「自由」の観念は、この三つの層の重なりにおいて論じなければならないと思う。」（二八三頁）

佐伯の診断によれば、現代において自由は、「個人の選択の自由」として狭くとらえられてしまっているといいます。しかしながら、「個人の選択の自由」の背後には、社会がその選択をどうみているのかという社会的な規範との一致不一致の次元と、さらには、その選択がより普遍的な（正）義にかなっているのかどうかという次元の、二つの次元が影響しているというのです。佐伯によれば、現代の自由主義は、自由に選択しているかどうかが大切なのであり、何を選択したかということは問われない傾向にあります。言い換えると、現代の自由主義は手段を目的と取り違えているところに最大の問題があり、リベラリズムの背後の価値観をみないで、つまり価値観の闘争を射程に入れずに自由を論じることは不十分であると主張されています。

さて、それではここでシュタイナーの『自由の哲学』と比較してみましょう。『自由の哲学』では、思考に裏付けられた動機が重要だと考えられていました。佐伯がリベラリズムの背後にある価値観の重要性を指摘したり、選択の自由のみならず、社会の是認、義にかなうといった次元を強調していることは、生きる目的や使命との関連で行為の動機づけを考えようとするシュタイナーの道徳の考え方に極めて近いといえるのではないでしょうか。いわば義に準じるような、究極の道徳的直観を重視している点で共通しているといえそうです。異なる点は、社会の是認や他者からの評価について、シュタイナーが低く評価しているところです。

経済の自由においては選択の自由や欲望が前面に出ているのに対して、精神の自由の場合には、人生の目的や生きる意味が関わってくるところが異なり、この違いを佐伯は、義や共同体によって補おうとしたとみることができるでしょう。経済の自由を強調するあまり、精神の自由や法の下の平等が軽んじられている現在において、この三者のバランスを取るためには、精神の自由にかかわる「生きる意味の回復」、「義」にみられるような上位の価値観が強調される必要があるわけです。シュタイナーは佐伯が求めている方向を、精神の自由と法律の下の平等経済の友愛を主張する「社会の三分節化」構想と『自由の哲学』によって実現しようとしたとみることができるのではないでしょうか。

大澤真幸著『生きるための自由論』（二〇一〇年〈河出書房新社〉）

大澤真幸は、注目すべき日本の代表的な社会学者であり、「第三者の審級」概念を武器として、独自の優れた社会の解読を提示している魅力的な人物です。『生きるための自由論』は、大澤真幸著『〈自由〉の条件』（二〇〇八年、講談社）を下敷きとしたうえで、わかりやすく新しい「自由」の解釈と、そのリベラリズムと連帯との関係について述べた書物です。

大澤の「自由」の把握のユニークさは、「自由」の根拠を、「私は私である」という同語反復に入り込んでいる他者性にみるところにあります。

脳科学の知見によって、実の母親を見ても偽物だと言い張るカプグラ症候群のように、視覚の感覚と感情的な反応が独立していて相関していないケースがいろいろと見つかっており、この現象を大澤は脳の社会性としてとらえています。脳にも社会性があるように、私という個人のアイデンティティーにも、他者性が「私は私である」という言明に入り込んできているというのです。自由の根拠は、第三者の審級が退行した現在、個人に内在する他者性（他者は自分であるかもしれないという可能性）にこそあるのだといいます。キリストの贖罪と隣人愛の思想も、第三者の審級にあたるキリストが犠牲となり死ぬことにより全人類の罪が許されるのですが、これは、十字架に架かるのは自分であったかもしれないという感覚により、隣人愛に転化するというのです。あるいは、阪神・淡路大震災で自分が助かり夫を亡くした妻が、なぜ自分でなく夫が亡くなったのか、夫が死なないことがありえたのだという可能性にさいなまれる例を『〈自由〉の条件』のなかで挙げていますが（三五一頁）、これも他者性が私に入り込む機制の一つの例であるとされています。

リベラリズムとコミュニタリアニズムは相容れないもので、なかなか調停がとりにくいものですが、第三の道として、リベラリズムを極限まで推し進める道があると大澤はいいます。通常、国家という特殊性に支えられて人間の普遍性が語られるのですが、その国家もまた普遍ではなく歴史や伝統に支えられているものであり特殊に過ぎない、と指摘されています。しかし大澤は、特殊から普遍を導き出す道筋があるのではないかというのです。その道筋として、特殊によっては汲みつくせない残余が、たとえば人権という思想にはあるのだといいます。人類という普遍性が国家を媒介としたとしてもその残余として人権が見出せるように、個人においても「私は私である」という自己同一性のなかに、私によっては汲みつくせない残余としての他者性が組み込まれているのだというのです。他者がいなければ自己も自由もないというわけなのです。この残余を意識化すること、この残余によって連帯することそれこそが、現在のリベラリズムであり未来を切り開く思想であり、生きるための自由論なのだというのです。

この思想は、個人主義が利己主義に陥らないためには、高次の自己の思考により動機づけられた道徳的な行為が必要であり、利他主義的な契機を、一人ひとりの思考や道徳的ファンタジーによって確保するよう努力することによって自由を獲得していく必要があるというシュタイナーの「自由」論と類似の方向性を向いているといえるのではないでしょうか。そして方向性は同じであるものの、大澤の場合は、他者性という概念を用いて「他者のいないところに自由はない」、「私のなかに他者性が組み込まれている」、という思考を展開することにより、隣人愛の思想をリベラリズムの根幹に置く可能性に道を開いたと評価できるのではないでしょうか。

井上達夫著「講義の7日間——自由の秩序」（野家啓一他編『新・哲学講義 7 自由・権力・ユートピア』【一～七二頁】一九九八年〈岩波書店〉）

本論考の結論は以下のようです。

「権力抑制原理としての重要性と、放縦への転化の危険性という消極的自由のディレンマへの対処の道は、国家・共同体の抑圧に対する脱出口としての市場と、市場の放縦化に対する制御装置としての国家・共同体との間の抑制と均衡に求められます。積極的自由が孕む自律と自治の葛藤の調整は、自律と自治の生息地をそれぞれ市場と共同体が提供し、国家が市場の自律促進機能と共同体の自治促進機能の分化と両立を図るとともに、それぞれの機能不全を補完する役割を果たすことによって可能になるでしょう。自己支配の理念が孕む抑圧の合理化の危険性には二つの側面がありました。自己支配の主体たる『真の自我』が外的権威に同化吸収される危険性と、外的な力により実現困難にされた欲求を放棄・縮減することによる『内なる砦への退却』の危険性です。前者については、国家や共同体に吸収される『真の自我』に対する『経験的自我』の反乱の砦を、諸個人の現実的選好を充足する市場が提供することが防御装置になります。後者に対しては、（略）国家が市場での独占・寡占形成を規制し、社会保障を配備し、特定共同体の外部でも生活しうる最低限の知識や能力の教育を義務付けたりして、実効的にアクセス可能な諸個人の選択肢の範囲を拡大することが歯止めになるでしょう。」

（四二～四三頁）

井上の主張の特徴は、自由の秩序は、国家と市場と共同体の均衡によって保たれるとするところにあります。法における平等と、経済における友愛と、精神における自由が補い合って均衡をとるところに自由な社会の成立をみようとするシュタイナーととても似ているといえるのではないでしょうか。しかし、違いもあります。井上の説明は消極的自由が抑圧に転じる危険性に関しては、市場の自由によってバランスをとるべきであるとしていますから、バランスは市場と国家・共同体の間でとれるように構想されています。積極的自由の孕む自律と自治の葛藤の調整に関しては、自律が市場により確保され、自治が共同体により確保され、その両立を補完し調整する役割を国家が行うとしており、市場・共同体を国家が調整するモデルが示されています。自我が国家のような外的権威に吸収される危険性や「内なる砦への退却」の危険性に関しては、前者の危険は、自我の反乱の砦を諸個人の現実的選好を充足する市場が与えることによって、つまりは市場によってバランスがとられ、後者に関しては、国家が個人がアクセス可能な実効的な選択肢の範囲を広げることによって、つまりは国家によってバランスがとられる、とみています。

確かに、そのようなバランスがとれれば、社会における自由は拡大することでしょう。しかし、経済が政治にも個々人にも大きな規定力をもつようになった現代社会において、国家や市場によるバランスの均衡がいかにして可能であるのかは、未知の領域であり解決の方向性を示唆しているにとどまります。その点、シュタイナーによって経済には友愛の原則、政治には平等の原則、精神には自由の原則が貫徹することが大切であると主張されるとき、それぞれの領域が自律するための規範が提示されていることになり、自律と協力の調整がとりやすくなるのではないでしょうか。言い換えれば、シュタイナーの社会の三分節化の理念により、井上の主張を洗練させたとき、その主張は現実的な力をもちうるのではないかと思われるのです。

齋藤純一著『思考のフロンティア　自由』（二〇〇五年〈岩波書店〉）

齋藤の『思考のフロンティア　自由』は、岩波書店の〝思考のフロンティアシリーズ〟の一冊として『自由　Freedom』のテーマで書かれたものです。巻末に「自由」をめぐる基本文献案内が掲載されているのでとても重宝です。本書での自由の定義は次のようになされています。

「自由とは、人びとが、自己／他者／社会の資源を用いて、達成・享受するに値すると自ら判断する事柄を達成・享受することができる、ということを意味する（ただし、他者の同様の自由と両立するかぎりでその自由は擁護される）。」（vii～viii頁）。

齋藤は前半の『I　自由概念の再検討』で自由への脅威と消極的自由への批判を取り扱ったうえで、後半の『II　自由の擁護』において自由の擁護を行い、自由の再定義を行っています。自由の再定義においてまず強調されているのは、「近代リベラリズムの自由観においては、自らに開かれた選択肢を前にして自らの意志で決定を行うべき『自己』は、すでに固定したもの、自明なものとして想定されて」おり、「しかも、そのような自己は自由であるためには自らに対して主権性（排他的かつ一元的な支配）を確立し、非主権的とみなされる要素を徹底的に排除しなければならない」のですが、そうした主権性の確立は不可能であることが、ハンナ・アーレントやミシェール・フーコー、D・コーネルに依拠しながら論述されています。つまるところ、アーレント、フーコー、コーネルの三者は、「自己への自由、つまり自己のアイデンティティ（同一性）からの差異の創出を擁護している。」（七〇頁）というのです。そして自由を共約的次元（たとえば飢餓から免れていることなど）と非共約的次元（一〇〇メートルを走る速さと楽器を弾く能力は非共役的である）に分け、「共約的次元においては、共通の尺度に照らして、誰からも剥奪されるべきではない一群の基本的自由が享受されるべきであり、他方、非共約的次元においては、ほかならぬ自ら自身の尺度に照らして、人びとがそれぞれの価値を追求する自由が享受されるべきである。」（八三頁）と主張されています。

こうした自由の再定義は、人間の複数性を肯定しながら、共約的部分について平等の土壌を作り上げようとする魅力的な提案であると思われます。

シュタイナーの『自由の哲学』から、この立場はどのようにみることができるでしょうか。齋藤は基本的に、権力との関係、国家との関係で、個人の自由をいかに擁護できるかという観点から自由を再定義する提言を行っています。この観点から見た時、現実的な困難はいろいろとあるでしょうが、妥当な方向性を示しているように思われます。しかし、社会の三分節化構想に立つとき、精神の自由、政治の平等、経済の友愛といった社会の三分肢の自立と共同関係のなかで、自由の問題を考える必要が出てくるということになります。言い換えると、経済の自由との関連がどうなるのか、精神の自由の自立はどこまで保証されるのか、自由の平等化はいかにして現実化できるのかといった点での具体案が、齋藤の自由論からは出てきにくいといえるのではないでしょうか。社会全体のなかでの、政治と経済と精神（文化）との相互作用のなかで自由がいかなる役割を果たし、いかに平等が保証されるのか、友愛が保証されるのかを考えた時に、齋藤の理念は有力な現実化の可能性をもつといえるのではないでしょうか。

仲正昌樹著　『なぜ「自由」は不自由なのか――現代リベラリズム講義』（二〇〇九年〈朝日新聞出版〉）

仲正の上梓した本書の目次構成は、「はじめに　自由の『自己矛盾』について」、「信教の自由」、「プライバシーと自己決定」、「労働と自己決定」、「自由／責任／正義、自由意志をめぐって」、「自由な主体をめぐって」、「おわりに　なぜ「自由」は不自由なのか？」となっています。

自由のパラドックスはなかなか解けず、正解を体系的に示すことはできないというスタンスで、マスコミでも注目された事例を取り上げながら、それぞれのテーマについて独自の見解を提示している興味深い書物です。体系的な議論を期待する向きは軽い失望感を覚えるかもしれませんが、個々の自由に関する問題について改めて考えたいという向きには、考える材料がつまった書物であるといえましょう。

「はじめに」において、「『自由主義』は、各人は、自分が何を求めているか、つまり自分がどういう意志を持っているか知っており、その意志を実現するのを最も効果的に手助けすること（略）が、『自由』の実現に繋がると想定して、『自由』について論じてきた。」が、しかし、「人は、多くの場合、自分が最終的に何を求めているのか、はっきり分かっていないことの方が多い。」（一四頁）と述べられています。

現代における選択の自由は、自分が最終的に何を求めているかがわかっていることを前提に主張されてきたわけですが、実は、何を求めているのか、はっきりわかっていないことの方が多いというのです。これは、選択した内容が社会の規範に合っているかどうかとか、あるいは、（正）義にかなっているかどうかを問う以前に、求めるもの自体が本人にもわからなくなり、それすら与えられる事態となっていることを示しているわけですから、自由の根底が掘り崩されていることになります。自由は存在しないことになりそうです。

自由についての中核的な部分は、「自由意志をめぐって」と「自由な主体をめぐって」の第一七講から第二四講まででしょう。そのなかで仲正は、「因果法則に支配される現実の世界での「私の身体」の動きを観察している限り、道徳法則に従う「自由意志」の存在をはっきり確認することはできない。各人がどのような〝善いこと〟をしているようにみえても、それを因果法則の延長線上で――もう少し正確に言うと、因果法則に起因する利害関係や感情という視点から――説明することができるからである。」（一七三頁）と述べています。

自由は因果論から救出できないというわけです。これは、シュタイナーとは異なる立場であり、当時シュタイナーが批判しようとした立場でもありますが、その立場が今なお健在であることがわかります。一九一八年の『自由の哲学』の新版への序文のなかでシュタイナーが立てている問い「意志する存在である人間は自分を自由だと見做すことができるのか、それともそのような自由があるように思えるのは、自然の現象だけでなく、人間の意思をも支配している必然の意図を、人間が見落としているからなのか、自由とは単なる幻想なのか」という問いに対して、幻想であると回答しているようにみえますから。とはいえ、仲正は体系的に本書を書いているわけではなく、法律的な側面に重点を置きながらさまざまな説を紹介し、同時にそれぞれの説の問題点を指摘しつつ新しい見解を提示するという書き方をしていますので、決定論に依拠していると言い切るわけにはいかないとも思われます。

Q&A

　最後に、〝自由〟について考える際、しばしば聞かれる質問と、その答えとなり得る考え方をご紹介します。

質問1：『自由』という言葉でイメージされる自由とは、どのような姿でしょうか。

答：住む土地を制限されずに居住の自由があることでしょうか、選択する職業を制限されずに職業選択の自由があることでしょうか、道路の通行が制限されずに自由に通行できることでしょうか、自分の意志が他者に妨害されずに実行できるということでしょうか、一人ひとりによって、何を自由として大切だと思っているかは異なっていることでしょう。

今当たり前と思われている自由も、かつては制限されていたことがありました。身分制度社会においては、職業選択の自由は制限されていました。今は、自由です。しかし、本当にどこまで自由かというと、すべての職業を知ったうえで選んでいるというわけでもないので、実際には選択肢が限られているということもあるでしょう。

このように考えてくると、自由の地図を少し整理しておく必要があると思われます。歴史的にみると憲法上の自由権によって保障されているものがあります。思想・良心の自由、信教の自由、集会・結社・表現の自由、居住・移転・職業選択の自由、外国移住の自由、国籍離脱の自由、学問の自由、があります。国家によって制限されない個人の自由権が保証されているわけです。これを権利としての自由と呼ぶことができるでしょう。

では、自由経済という場合の自由とはどんな自由なのでしょうか。経済活動を国家によって制限されないということであり、個人の人権とは異なり、経済の主体である法人に対して人間のように自由が認められているということになります。独占禁止法があるように、経済活動を自由に委ねていると、独占企業が生まれて競争がなくなるという逆説的な事態が起こることも稀ではありません。そこでは、自由競争の結果独占が生まれるということが起こりうるのです。となると、自由経済にも規制が必要であるということになります。

他人に迷惑をかけなければ何をしてもよい、という自由は、では何なのでしょうか。人権なのでしょうか。経済的な自由なのでしょうか。自由権の範囲を最大限に拡大解釈したものと考えることができるのではないでしょうか。他人に迷惑をかけなければ何をしてもよいという発想の根源には、人間の一人ひとりの欲望を認めるところから出発するという利己主義的な人間観が潜んでいるようにみえます。シュタイナーの言う精神の自由は、政治的な自由でもなく、経済的な自由でもなく、身体的な自由でもなく、道徳的な自由をその中核としているのです。道徳的に自分の感性、体験、常識、良心、思考、感情、意志に照らし合わせて自分で正しいと思う行為を判断し実行する自由、それこそが、最も大切な自由なのです。精神の自由は、もちろん道徳的自由に限らず、自由な精神活動により新しい発明発見をする自由、創造性を発揮する自由が含まれています。

できないことを望むのはこれまた自由とはいえないでしょう。肉体のままで飛ぶ自由というのは、飛行機に頼るなどしない限りは無理ですし、呼吸しない自由というのも、すぐに死んでしまいますから問題にならないでしょう。自由というのは、現在の人間の能力の範囲内で可能な行動について、語った時に意味のあるものなのであり、ユートピアや理想について語るときのものではないのです。自由自身が、新しく獲得されていくものなのです。まさに、人間は自由であるというわけではなく、人間は自由になるのです。

質問2：シュタイナーの言う自由とは、何でしょうか。

答：シュタイナーの言っている自由は、経済の自由ではありません。選択肢がたくさん与えられているという意味での自由でもありません。法律に違反しない限り何をしてもいい自由でもありません。他人に迷惑をかけない限り（何が他人に迷惑をかけるのかという判断自体が一義的には決まりにくいところがありますが）何をしてもいい自由でもありません。

シュタイナーが主張する自由は、あくまでも精神の自由を意味しています。法律上の自由や経済上の自由や選択の自由ではなくて、精神の自由なのです。では、精神の自由とは何でしょうか。シュタイナーはデカルトのように、人間を心身からなっているとは考えておらず、人間は、身体と魂と精神の三つの構成要素からなると考えています。魂と精神の区別ができなくなったことが、人間観を貧しくして唯物論が生まれるに至った根源的な原因であると考えています。

では魂と精神の違いは何なのでしょうか。魂とは、それぞれの個人的な好みに関わるもので、好き嫌いあるいは共感と反感によって特徴づけられる魂の反応のことです。ひきつけられるのか離れようとするのかが魂の傾向性なのです。これは体験上理解できるかと思いますが、人によって異なります。ですから魂は主観的なものなのです。それに対して精神は、論理や数学の真理が普遍妥当的に通用するように、客観的な法則性の世界を指しています。具体的には、人間の思考の世界を指しています。思考は他者にも理解可能です。言語の種類を超えて翻訳が可能な領域です。

したがって、シュタイナーの言う精神の自由とは、好き嫌いや欲望の世界の話ではなく、普遍的に妥当する真善美の世界の話であり、具体的には思考の世界の話なのです。一人ひとりが自分で理由を考えて判断を下す自由のことを言っているのです。ですから、誰かが言っているからとか、誰かの利害にかかわるからとか、専門家が言っているからとかいう理由で判断を下すのではなく、自分自身の感覚、自分自身の経験、自分自身の動機や理念を考慮したうえで、正しいと判断する行為をする自由のことを指しているのです。

そのため、低次の欲望や、自分の利害に基づいた行為や判断は、精神の自由を正しく行使したとは言えないことになるのです。人間が神のような完全性を備えていない以上、人間は過ちを犯すものです。しかし、少なくとも、その時点における自分にとって最善の判断を常に自分自身で下すことができるということが、精神の自由の眼目なのです。他人に迷惑をかけなければ何をしても自由であるわけではなく、自分の生きる理念、生きる意味に照らして最善の行為を選べることこそが自由な行為なのです。とはいえ人間は、すべてのことを知ることはできません。判断を下す場合には必ず情報の限界、知れる範囲の限界、知識の限界、能力の限界があります。しかし、その不完全さを認めたうえでなお、その時に最善と思う行為を選択することが自由な行為なのです。ですからシュタイナーは、人間は自由なのではなく、自由になるのだと主張しているのです。

己の思考する善なる理念に照らして正しい行為を選ぶこと、その誤りを最小限にできるように人間性を磨くこと、それこそが、人間が真の意味で自由になるということなのです。誰に判断してもらうのでもなく、自分で判断すること。自分で正しいと思う判断を下すことが最も重要なのであり、それを支えるのが自由の概念なのです。

質問3：シュタイナーの言う悪と自由の関係はどうなっているのでしょうか。

答：聖書にある有名な箇所を引用します。「主なる神が造られた野の生き物のうちで、最も賢いのは蛇であった。蛇は女に言った。『園のどの木からも食べてはいけない、などと神は言われたのか』女は蛇に答えた。『わたしたちは園の木の果実を食べてもよいのです。でも園の中央に生えている木の果実だけは、食べてはいけない、触れてもいけない、死んではいけないから、と神様はおっしゃいました』蛇は女に言った。『決して死ぬことはない。それを食べると、眼が開け、神のように善悪を知るものとなることを神はご存じなのだ』女が見ると、その木はいかにもおいしそうで、目を引き付け、賢くなるように唆していた。女は実を取って食べ、一緒にいた男にも渡したので、彼も食べた。」

蛇の誘惑に乗り、禁断の実を食べたアダムとイブは、エデンの園を追い出されることになります。この創世記の記述は、シュタイナーによれば、蛇の誘惑とはルチファー（堕天使）の誘惑のことであり、人間は、ルチファーの誘惑により、まだ善悪を自分でしっかりと区別し行動することができないにもかかわらず、早めに善悪を知ってしまったのだと説明されています。そのために人間は、地上生活を輪廻転生によってくり返すなかで、一人ひとりの霊的な水準、人格的な水準を上げていき、善悪のうち善しか行わない段階へと上昇していくのが、現在の課題であるとされています。

そもそも、神様が存在するのであれば、なぜ世の中に悪が存在しているのか、という問いは、昔から難問の一つでした。アウグスティヌスは、悪は善の否定においてのみ存在しているので、悪は無であり存在していないと考えました。ペルシャの古い宗教では、善の神と悪の神が最初から存在しているという考え方がとられていました。カントは、人間が悪の原因であるとし、悪は、人間にとって生まれつきの自ら責任ある『根源的な悪』への愛着であるとしました。あるいは、悪は、創造が不完全なことに根をもつとされる考え方もあります。この考え方によれば、物質素材は、もっとも不完全なものであり、「存在の影絵」であり、存在からもっとも遠く離れている。だから悪はそもそも物質素材に起源をもつ、と考えられているのです。あるいは、悪の主要原因は、天使存在が神の意志から堕落したことである、という考え方もあります。あるいは、悪は善と同様、神自身のなかに別々の二つの力として存在しているとする考え方もあります（Steiner, Das Mysterium des Bösen Ausgewählt und herausgegeben von Michael Kalisch. Verlag Freies Geistesleben 1999 S.8f）。

シュタイナーの場合には、「神は、悪からより大いなる善が生まれるようにと悪を認めた、あるいは悪を人間の罰の手段、教育の手段としようとした」という考え方が強いといえます。自由とは、悪も善も選べる状況のなかで行動できる環境において、善なる行為を自分の意志で選ぶところに成立するわけで、最初から善しか選べないのであれば自由はなく、何かのコントロールのもとで善なる行為を強いられていることになるわけです。人間が本当に神様のようになれるためには、自由のなかで自分の意志で善なる行為を選ぶ力が必要なのだというわけなのです。

そのために、つまり自由な環境を与えるために、神様は、ルチファーの誘惑を容認したというのです。人間が自分の力で魂を進化させるためには、悪の存在が不可欠だということなのです。

質問4：生まれた場所や時代によって、さまざまな拘束がすでに課せられてしまっています。たとえば生前の戦争責任など。こうした拘束とシュタイナーの言う自由の関係はどうなっているのでしょうか。

答：近代においては、自由というものは、基本的に憲法により基本的人権として保障されています。したがって、近代国家の法律が根拠となっているわけです。そして、その権利は国民に対して保証されるのが基本ですから、国籍を喪失した場合は、自由を守ってくれるものはなくなってしまうのです。ですからその国に生まれたということは、その国の憲法によって自由が保障されているという面もあるのです。シュタイナーの社会の三分節化構想でいえば、自由は法律によって、国民一人ひとりに平等に保障されており、法の下の平等が支えてくれているわけです。言い換えれば、日本の国を今まで支え、基本的人権を保障する段階にまで作り上げてきてくれたのは、先人たちのおかげであるのです。おかげをこうむっているわけですから、マイナス面についても何らかの対応を要求されるのは当然なのではないでしょうか。いいところだけ取ってあとは知らないよというのは、人としてあるまじき姿勢ではないでしょうか。むしろ、先人の償いができるのであれば、それは、先人への恩返しとして行うべきではないでしょうか。

シュタイナーの言う自由とは精神的な自由であり、精神的な自由は、道徳的な行為によって極まるということができます。隣人愛が、道徳の高位の基本原理です。とすれば、隣人愛にもとる行為を先人たちがしたとしたら、それを償うのが道徳的な行為なのではないでしょうか。道徳的な行為は、一人ひとりの道徳的判断にゆだねられるものであって強制されるものではありませんが、道徳的想像力を働かせて、その状況において一番適切な道徳的行為を見つけ、それを行うことこそが、シュタイナーの言う精神の自由ではないでしょうか。聖書に「サマリヤ人」の話がありますが、これは自分が傷つけた人を助けるという話ではありません。当時、民族的な差別を受けていた人を助けるという話です。しかし戦争責任は、自分たちの先祖が傷つけた人を助けるという行為です。隣人愛の原則を持ち出さなくても、相互性の原理からしても当然のことではないでしょうか。

シュタイナーの言う自由は、一人ひとりの好き嫌いや、欲望によって好き勝手な行動をすることができる自由ではありません。他者への愛という動機づけに基づいて道徳的想像力を発揮し、自分が正しいと思う行為のできる自由が、シュタイナーの言う自由なのです。

ですから、基本的人権として自由が認められている国の国民として、先祖の犯した罪の償いをするというのは、シュタイナーの言う自由と全く矛盾しないのです。むしろ、相手側の要求だからとか、世論や外国のマスコミが批判するからとかいう理由で謝罪するのではなく、また、外交関係を悪くしないためや、戦略であったりするのではなく、一人ひとりの心情、判断、道徳的な決断として、自然に謝罪の行為なされるということが、自由であることの証なのです。

こうした行為によって、一人ひとりの道徳性、人格性が高まるとともに、民族としての精神的な水準も高まり、戦争の起こる確率も大幅に減少していくことになるのではないでしょうか。

質問5：シュタイナーの言う自由と公共性の関係はどのように考えればよいでしょうか。

答：自由というものは、公共の福祉によって制限されると言われます。では、公共とは何でしょうか。日本の場合は、「お上に従う」という言葉に示されているように、上が決めたことには従わなければならないとする風潮があります。そこから、公共性についても、上の者、つまりは国家が独占する形態をとりやすくなっています。しかしながら、森や林が、村の公共財として認められ、皆が利用できるような「入会」も日本にはありました（泉留維ほか著『コモンズと地方自治─財産区の過去・現在・未来─』二〇一一年、日本林業調査会、一一～八頁）。ですから、公は国家であり、国家でないものは私であるという考え方ですべてが片づくわけではないのです。むしろ最近では、新しい公共（第三の公共）ということが言われだしています。第三の公共とは、国の公と国以外の私という区分を超えて、地域の共同性を第三の公共と呼ぼうとしているのです。日本の昔の入会地などが新しく公共性のもとに位置づけなおされているわけです。

さて、現代の日本社会は民主主義社会であり、民主主義社会は、一人ひとりが自分自身の思考・感情・意志により独自の判断を下すことができると考えられているからこそ、一人一票という法の下の平等が保証されているわけです。ということは、シュタイナーの「意識魂」が前提されているということです。そして、「意識魂」の時代（一人ひとりが党派的な意見をもつのではなく、専門家の言葉を鵜呑みにするのでもなく、自分自身で判断することが大切な時代）は、地縁や血縁や利害というものによってではなく、考え方の共通性、思想の共通性、理念の共通性によって人々が協力し合い、アソシエーションを作り上げていく時代であるともシュタイナーは言っています。そう考えていけば、地域で共通の理念を追求してその理念を実現すべくアソシエーションが作られて、その集団が皆のためになるものを公共財として取り扱うという方向性が新しく生まれてくることになります。

第三の公共はまた、シュタイナーの言う社会の三分節化構想とも関連しています。経済の友愛、政治の平等、精神の自由をある地域において実現するという考え方は、人々の考え方の共通性に導かれて地域単位で実現することも可能となりうるのです。地域において地場経済を開発発展させ、地域内で経済の友愛の原則を実現しようと努力すること、それとの関連で個人主義や利己主義を超えた、地域全体のためになるような営みは、友愛の原則の典型的な事例ともみることができるでしょう。第三の公共は、経済の友愛原則と政治の平等原則に支えられることによって、本当に実り多いものとなることができるのです。そして、地域の活性化を促すような発明や発見、あるいは組織的な工夫などは、一人ひとりの精神の自由が確保されているときにこそ、そうした可能性が拡大するのですから、「意識魂」を持った個人が増えれば増えるほど、そうした新しい工夫が可能になり新しい体制が作り出されていくことになります。

地場経済がしっかりし、自給自足が可能となり、友愛の精神が花開き、物々交換、親切の交換が行えるような社会になっていけば、自由は、本当にしたい仕事に振り向けられるでしょうし、本当にしたいボランティアをする余裕も生まれることでしょう。その時、社会全体が本来の公共性を回復することになるのではないでしょうか。

質問6　シュタイナーの言う自由の反対語は何でしょうか。

答：シュタイナーの言う自由の反対語は、強制なのではないかと思います。通常であれば自由の反対語としては不自由が挙げられるのかもしれません。しかし、不自由という言葉は、何かに妨害されて自由が発揮できない状態を指しているのであり、たとえば足にケガをして足が使えなくなった際に不自由という言葉が使われるように、身体が自由度を狭めた時に使用されることの多い言葉ではないかと思います。あるいは、物資不足等の際にも不自由であるという言葉が使用されるなど、目に見えるもの、物として存在するものに対して用いられることが多い言葉です。宗教の不自由、学問の不自由などとは言いません。これは、目に見えない精神の自由の反対語ではないことを示唆していると言えるでしょう。

これに対して、刑務所に入ることが強制されたり、信仰が強制されたり、研究テーマを強制されたりすれば、信教の自由や学問の自由が侵されることになります。

では、道徳上の行為の自由はどうでしょうか。徴兵制により兵隊として戦争に駆り出され、やむを得ず敵兵を殺傷することを強制されることもありえるでしょう。その場合には道徳的自由は失われているといえるのではないでしょうか。強制こそが自由の反対概念なのです。

ピアジェの発達段階論に依拠した、コールバーグの道徳的判断の発達段階論があります。この段階論によれば、道徳的判断の発達段階は、前慣習的水準、慣習的水準、慣習以降の水準の三つの段階に分かれるといいます。前慣習的水準は、段階〇：自己欲求希求志向、段階一：罰と従順志向（他律的な道徳）、段階二：道具的相対主義（素朴な自己本位）志向に分かれ、慣習的水準は、段階三：他者への同調、あるいは「よい子」志向、段階四：法と秩序志向と移行期（四と二分の一段階）に分かれ、慣習以降の水準は、段階五：社会的契約、法律尊重、および個人の権利志向、段階六：普遍的な倫理的原則（良心または原理への）志向に分かれます（荒木紀幸編著『道徳教育はこうすればおもしろい―コールバーグ理論とその実践』一九九〇年〈北大路書房〉）。

コールバーグが最高の段階とする、個人的理念に基づく道徳性の段階こそが、シュタイナーの言う道徳的自由の最高段階にあたるのです。一人ひとりが、社会秩序や法律や世間の常識や専門家の意見によって判断するのではなく、自分自身の普遍的な道徳的価値基準に基づいて善悪の判断を決め、それにふさわしい具体的行為を道徳的な想像力によって生み出すこと、それこそがシュタイナーの言う自由の理念なのです。その反対は、外からの何らかの強制によって己の判断がゆがめられることなのです。

自由の反対語は不自由ではなく、物質的、心理的、精神的な面での外的な強制であり、それぞれの人が、自分自身の判断をする力を養うことが求められているのです。それが「意識魂」の時代の課題であり、真の個人主義の発現なのです。

質問7：経済的自由とシュタイナーの言う自由の関係はどうなっているのでしょうか。

答：現代において、自由の理念が強調されるのは、「貿易の自由化」や「金融の自由化」など、経済の領域で最も強調されているようにみえます。個人の自由はもはや実現されてしまい、今は経済の自由化こそが課題であると現代世界は考えているようにみえます。経済の自由化とは、経済競争の自由化であり、つまるところ自由競争を至上価値とする考え方であるといえます。

新自由主義と呼ばれる経済の自由化が進展した結果、格差社会が生まれていることが指摘されています。経済の自由競争は格差を拡大する傾向があり、富が一部の人たちに集中する傾向があるようです。

シュタイナーは、経済の原理は競争や自由ではなく、友愛でなければならないと考えています。そして自由の原理は、経済ではなく精神の領域における原理なのであると主張しています。経済の原理が友愛であるというのは、現実離れした幻想であると思う人が多いかもしれません。しかし、経済活動は本来、物々交換から始まったものですから、いずれの側もそれぞれが必要なものを入手することになっていたわけです。つまり両者ともに得をしているのです。これは友愛の原理の実現といえるのではないでしょうか。

この本来の経済の友愛の原理が、なぜ競争の原理、自由競争の原理になってしまったのでしょうか。それは金銭を媒介とする交換が生まれることにより、金銭が物よりも優位に立ち（物は劣化しますが、金銭は劣化しませんので、いつでも交換力を発揮できますから）、金銭が交換手段にとどまらず貯蔵手段となってしまったところにあるのです。金銭が優位になることにより、金銭を銀行に預けているだけで、利息でそれが増加するようになりました。しかし、この利息は、別の誰かがそれを生み出すべく働かなければ増えないわけです。

この事態を何とか変えて友愛の経済に戻す手段として、シルビオ・ゲゼルの流れを引く経済学では、「マイナス利子」という概念が生まれました。物が劣化するように金銭も劣化させよう。そうすれば物に対するお金の優位はなくなり、物よりも金銭が選好されることもなくなり、金銭は、不必要に貯蔵されることもなく、交換手段としての機能を存分に果たし、消費も活性化することになるというわけなのです。

経済に友愛の原理が当てはまるように、精神に自由の原理が当てはまるというのがシュタイナーの主張でした。精神の自由こそが新しい発明、発見を可能にし、新しい商品開発、新しい会社のあり方を可能にするのです。創造性が強調されている現在、一部の天才的なエリートだけが発明をするのではなく、すべての人が自由に考え、感じ、意志することにより、思いがけないさまざまな新しい発明発見が生み出されるようになり、経済は、真に発展していくと考えられているのです。経済発展の源は、競争の自由ではなくて、精神の自由が、すべての人に行き渡ること、皆が「意識魂」に従って生きることなのです。

おわりに

本書を手に取りお読みくださった方々に感謝申し上げます。本書は、最初にやや詳しめに、シュタイナーの『自由の哲学』の解説をシュタイナーの叙述に沿った形で行い、次に、『自由の哲学』と『自由への教育』の関係について述べ、最後に最近の「自由」をめぐる代表的な見解も取り上げ、それらの考え方とシュタイナーの『自由の哲学』の考えとの関連について簡単に述べてきました。

「自由とは何か」、「人間は自由なのか」といった問いに答えるのは、シュタイナーでもなく、もちろん筆者などでもなく、思考の自由をもっているあなた方自身なのです。本書は、単なるその手掛かりにすぎません。ただ、「人間は自由なのか、自由でないのか」という問いの立て方ではなく、「いかにして人間は自由を獲得していくのか」という問いのほうが大切であるという方向性について共感していただけたとしたら、筆者としては、とても嬉しい気持ちがします。

また、『自由の哲学』が、単なる知的好奇心を満足させるための本ではなく、一人ひとりにとって栄養となり、人生を豊かにしてくれる材料となることを感じ取っていただけたとすれば、これほどうれしいことはありません。

シュタイナーは、一八九四年に出版された初版本の第一章において、次のような意味のことを述べています。「今の時代は、個体、個性、個人を重視する時代であって、権威をかさに着て受け売りをしたり、人の言うことを信じたりする時代ではないのだ」と。ですから、シュタイナーの言葉だから正しいと考えるのも誤っているのです。今の時代は、一人ひとりが自分の意志、感情、思考、判断力によって、自分で判断する時代なのです。『自由の哲学』が示す道は、唯一の可能な真理への道というわけではなく、「真理を求め続ける一人の人間が歩んだ道について物語ろうとしたものにすぎない」のです。シュタイナーも自分で判断し、筆者も自分で判断し、そして読者の皆さんも一人ひとりが自分で判断する、そうした姿勢が、現代という時代における真理への対し方なのだというわけです。

こうした見方は、普遍性や客観性や論理性を重んずる科学的な知の在り方とは少し異なっていますが、現在の社会科学においては、構築主義とか構成主義とか呼ばれる考え方が強くなってきて、事実は人によって構成されるものであり一つの客観的な事実があるというわけではないことが認められつつあります。人間の社会生活のなかでは、それが普通のことなのですね。シュタイナーの立場は、現在の社会科学の構築主義を先取りしたようなところがあり、シュタイナーの先見の明ともいえるでしょう。

科学的な知識が誤っているわけでも、不必要なわけでもありません。個別科学として専門的知識が蓄積されていくのは好ましいことなのですが、それは、基礎知識であるにとどまるのです。本当の生きた知識となるためには、それぞれの個別科学において再び人間に充実した人生を返してくれる諸要素を回復する必要があり、哲学の知識も、生きる意味と結びつき、人生に役立つ知識となる必要があるのです。そのためには、「ひとりひとりが手近な経験から、直接的な体験から出発して、そこから宇宙全体を認識するところまで上っていくこと」(『自由の哲学』一七頁)が大切であり、自分なりの方法で確かな知識を獲得する必要があるのです。「すべての学問は、もしそれが人格の存在価値を高めるために努力するのでなければ、無用な好奇心の満足に役立つものでしかない」(同書、二〇頁)

のです。

哲学は、ギリシャのソクラテスにみられるように、もともと、人はいかに生きるべきかという問いに答えようとするものでした。本書がそうした思索の契機となり、直接『自由の哲学』を紐解く機縁としていていただけることを心から願っています。

本書が、このような形で出版できることになったのは、ひとえに白樺図書の皆さんのおかげと感謝しています。予想以上に時間がかかってしまい申し訳ない思いでいっぱいですが、ご意見をうかがいながら推敲する作業は楽しいものでした。また、本書の出版をお引き受けくださったイザラ書房の方々にも心からお礼申し上げます。最後に、私の原稿に目を通してくれて忌憚のないアドバイスをくれ、協力してくれた妻の啓子に、心からありがとうと言いたいと思います。

今井重孝

【筆者紹介】
今井重孝（いまい・しげたか）
青山学院大学教育人間科学部教授。教育学博士（東京大学）。著書に『未来を開く教育者たち』(共著・コスモスライブラリー)、『モラル教育の再構築を目指して』(共著・教文館)、『システムとしての教育を探る――自己創出する人間と社会』（共編著・勁草書房)、『いのちに根ざす日本のシュタイナー教育』(共編著・せせらぎ出版)、『学校に森をつくろう――学校と地域と地球をつなぐホリスティック教育』（共編著・せせらぎ出版)、『ホリスティックに生きる――目に見えるものと見えないもの』（共編著・せせらぎ出版)などがある。

"シュタイナー"『自由《じゆう》の哲学《てつがく》』入門《にゅうもん》

発行日　2012年　8月　5日　初版第1刷発行
　　　　2015年　9月30日　初版第3刷発行

著　者　今井重孝《いまいしげたか》

編　集　白樺図書《しらかばとしょ》

発行者　村上京子
発行所　株式会社イザラ書房
369-0305 埼玉県児玉郡上里町神保原569番地
tel 0495-33-9216　fax 047-751-9226　mail@izara.co.jp
http://www.izara.co.jp/

印　刷　株式会社シナノパブリッシングプレス
装丁協力　時髙喜佐　渡邉麻冬　銀風工房

ISBN　978-4-7565-0119-6　C0010